Dieses Buch gehört

Armin Täubner

Bauen, Tüfteln, Selbermachen

Über 50 geniale Ideen für kreative Jungs

COOLE IDEEN

Mit vielen Spielen und tollen Ideen zum Experimentieren

Inhalt

Vorwort

Weg vom Computer, von der Konsole und der Glotze! Jetzt ist Kreativsein angesagt, und das ist noch viel cooler, als alle elektronischen Medien zusammen. Ihr glaubt das nicht?

Dann schaut mal ganz schnell in dieses Buch und lasst euch vom Gegenteil überzeugen. Denn es macht riesigen Spaß, mit verschiedenen Werkzeugen und aus allerlei Materialien die tollsten Sachen zu bauen. Hinterher hast du auch allen Grund, so richtig stolz auf deine Leistung zu sein. Und dann geht die Action erst richtig los, denn mit den allermeisten Dingen kannst du alleine oder zusammen mit deinen Kumpels spielen, toben und zu Wettkämpfen antreten.

Egal, ob du in den Abenteuerwelten von Rittern, Piraten oder Indianern zu Hause bist, ob du dich für Insekten und Vögel interessierst, ob du gerne puzzelst, Musik machst oder deine Geschicklichkeit trainierst, ob du auf schnelle Vehikel zu Wasser, zu Land und in der Luft stehst – hier findet jeder seine ganz persönlichen Lieblingsideen.

Damit du mit allen Sinnen kreativ sein kannst, gibt es zusätzlich noch jede Menge Ideen zum Experimentieren, Spielen und Forschen.

Also, worauf wartest du noch? Los geht's, hol dir Schere und Klebstoff, Hammer und Säge und leg los! Du wirst ganz schnell merken, dass Kreativsein jede Menge Spaß bringt und keine Langeweile aufkommen lässt.

Viel Spaß wünscht dir

Deine Grundausstattung

Folgende Materialien, Hilfsmittel und Werkzeuge brauchst du für die meisten der in diesem Buch gezeigten Modelle. Hilfsmittel und Werkzeuge werden in den einzelnen Materiallisten in der Regel nicht nochmals angeführt.

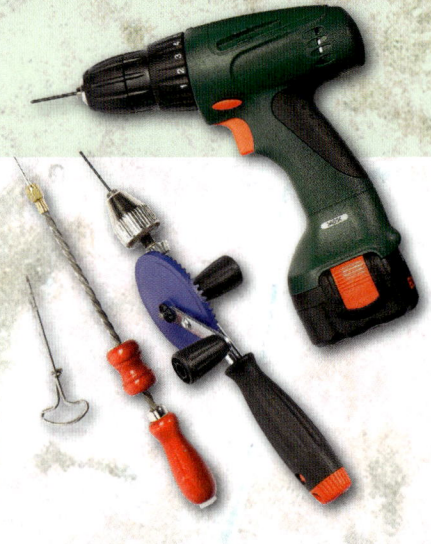

Drillbohrer, ø 2 mm, wird hauptsächlich zum Bohren von Löchern in Sperrholz verwendet

Akkuschrauber mit Bohreinsatz und Holzbohrer in verschiedenen Größen

verschiedene **Nägel** und **Schrauben**

Nagelbohrer in verschiedenen Größen

Sperrholz für Laubsägearbeiten und verschiedene Hölzer und Holzlatten zum Bauen

verschiedene **Styropor®teile**, werden z. B. für Schiffe gebraucht

viele **Materialien aus der Natur** wie Rinde, Weiden- und Haselruten, Korken, Astscheiben zum Basteln

Holzperlen, **Lederreste** und **Federn** sowie diverse **Schnüre**, **Fäden** und **Bänder** zum Verzieren und Dekorieren

Kombizange oder **Flachzange** und **Seitenschneider** zum Abknipsen von Draht, Biegen von Ösen etc.

Hammer zum Einschlagen von Nägeln

Schraubendreher und **Kreuzschlitz-Schraubendreher**

Taschen- oder **Schnitzmesser** zum Schnitzen von Hölzern und Ruten

leere **Dosen**, **Flaschen** und **Becher** sowie **Kronkorken**

allerlei **Papiere** und **Kartons** für verschiedenste Bastelarbeiten

Fuchsschwanz zum Sägen von Brettern und Holzlatten

Transparentpapier und **Kohlepapier** sowie **Klebefilm** für Schablonen und das Übertragen von Vorlagen

Schere und **Lineal** sollten immer zur Hand sein

Schraub- oder **Schnellspannzwingen** sind hilfreich beim Leimen von Holzteilen

Sicherheitsdosenöffner, öffnet Dosen ohne scharfe Ränder

Pinzette zum Greifen und Platzieren kleiner Teile

leergeschriebener Kugelschreiber zum Übertragen von Vorlagen

Laubsäge mit Sägetischchen zum Sägen von Sperrholz

Filzstifte und **Buntstifte** (auch wasserfeste) in verschiedenen Farben

Vorstechnadel zum Durchstechen von Karton oder Styropor

Bleistift, **Anspitzer** und **Radiergummi** zum Vorzeichnen

Schwämmchen und **Gummihandschuhe** zum flächigen Bemalen der Bastelarbeiten

Raspel zum groben Abrunden oder Abschrägen von Brettern oder Holzblöcken. Anschließend werden die abgerundeten Flächen mit Feile und Schleifpapier bearbeitet

Acrylfarbe in verschiedenen Farben zum Bemalen der Werkstücke

Heißer Draht, alternativ großes Messer mit glatter Klinge (kein Wellenschliff), zum Schneiden von Styropor®

Feile zum Korrigieren und Glätten unsauber ausgesägter Sägeränder

Brennstab zum Brandmalen auf Holz

verschiedene Pinsel (Flachpinsel, Rundpinsel) in unterschiedlichen Stärken

Express-Holzleim zum Verkleben von Holzteilen

Schleifpapier, 240er-Körnung, zum Glätten von ausgesägten Teilen

Wäscheklammer zum Fixieren

Weißer Bastelkleber ohne Lösungsmittel zum Kleben von Styropor®

Alleskleber für die verschiedenen Bastelarbeiten

So wird's gemacht

Schablonen herstellen und Vorlagen übertragen

➡ Für einige der gezeigten Modelle findest du im hinteren Buchteil Vorlagen. Teils in Originalgröße, einige musst du aber auch im Copyshop um den angegebenen Wert vergrößern. Die benötigte Vorlage kannst du mit Bleistift auf Transparentpapier abpausen oder du machst dir eine Kopie. Details, wie z. B. Bohrlöcher, musst du auch mit abpausen. Dann klebst du die Kopie bzw. das Transparentpapier auf einen Karton und schneidest die Teile ganz sauber aus. Schon ist deine Schablone fertig.

Diese legst du nun auf das benötigte Material, z. B. Holz oder Karton. Halte sie mit einer Hand gut fest oder fixiere sie mit etwas Klebefilm, dann zeichnest du den Umriss mit Bleistift sorgfältig nach.

Laubsägen

1 Auf das Sägetischchen legst du während des Sägens dein Arbeitsstück. Es hilft dir außerdem, die Säge sicher zu führen. Das Sägetischchen besteht aus einem Holzbrettchen mit einem Loch und einem V-förmigen Einschnitt in der Mitte sowie einer Schraubzwinge. Stecke zuerst die Schraubzwinge mit dem flachen Teil so durch das Loch im Holzbrettchen, dass Schraubzwinge und Brettchen eben sind. Nun wird die Zwinge auf die Tischplatte gesteckt und von unten angeschraubt. Der V-förmige Einschnitt muss zu dir zeigen, in ihm wird später gesägt.

2 Die Laubsäge besteht aus einem Metallbügel mit einem Holzgriff. An den Enden des Bügels befindet sich jeweils eine Flügelmutter zum Befestigen des Sägeblättchens. Lege das

Sägeblättchen so zwischen die beiden Flügelmuttern, dass die Sägezähne zum Griff hin zeigen. Befestige ein Ende des Sägeblättchens, indem du eine Flügelmutter fest zudrehst. Nun muss der Metallbügel etwas zusammengedrückt und gleichzeitig die zweite Flügelmutter angezogen werden. Jetzt kannst du gleich mit dem Sägen beginnen.

3 Lege das Sperrholz auf das Sägetischchen und halte es mit der linken Hand (das gilt für Rechtshänder, Linkshänder nehmen die andere Hand) fest. Gesägt wird dort, wo der V-förmige Einschnitt im Sägetischchen ist. Säge immer von oben nach unten und halte das Sägeblatt beim Sägen immer senkrecht, niemals schräg. Sind ein paar Zentimeter gesägt, wird das Sperrholz einfach mit der Hand leicht gedreht oder weiter geschoben.

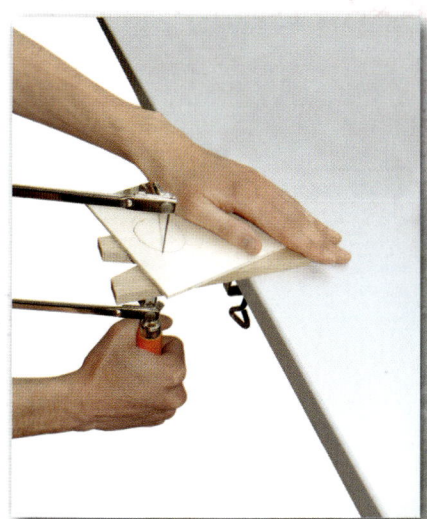

hat. Kein Grund zur Sorge! In diesem Fall kommt die Holzfeile zum Einsatz. Mit ihr kannst du diese Stellen korrigieren und ausgleichen. Halte mit einer Hand das Werkstück, so wird das zu bearbeitende Holzteil genannt, und stütze die Hand auf der Tischfläche ab. Mit der anderen Hand hältst du die Feile. Dabei schließen sich alle Finger bis auf den Zeigefinger und evtl. den Mittelfinger um den Griff. Diese drücken auf die Feile.

Wenn du das ausgesägte Werkstück umdrehst siehst du, dass die Sägeränder oft rau sind. Schleife diese Ränder mit Schleifpapier glatt. Je nachdem, wie stark du schleifst, werden nur die Ränder glatt, leicht abgerundet oder sogar ganz rund.

6 Willst du Löcher in das Holz bohren, stichst du zuerst mit dem Körner eine leichte Vertiefung ins Sperrholz, dann setzt du die Spitze des Bohrers (Drill-, Akku- oder Nagelbohrer) in diese Vertiefung. Achte beim Bohren von Löchern unbedingt darauf, einen Holzrest o. Ä. unterzulegen, damit du nicht die Tischplatte anbohrst.

7 Kleine Teile kannst du mit Expressleim zusammenkleben. Du streichst etwas Leim auf und drückst dann das Teil fest auf. Größere Teile müssen mit Schraubzwingen oder Schnellspannzwingen zusammen-

gepresst werden, bis der Leim trocken ist. Wenn du zu viel Leim aufgetragen hast, quillt er auf der Seite hervor und muss mit einem feuchten Tuch abgewischt werden. Der Leim ist später zwar transparent, aber er lässt sich schwer übermalen. Kleine Leimspuren kannst du auch mit einem spitzen Messer abschaben oder abtragen, solange der Leim noch feucht ist.

8 Zum Bemalen von Holz verwendest du Acrylfarbe. Wenn du die Farbe mit etwas Wasser verdünnst, wird sie heller und deckt nicht mehr so stark, sodass die Holzmaserung erkennbar bleibt. Die Farbe verdünnst du am besten so: Gib einen Farbklecks aus der Tube oder dem Gläschen in einen Schraubverschluss von einem Gurkenglas o. Ä. und gib dann etwas Wasser dazu. Mische beides durch und trage dann die Farbe auf einen Sperrholzrest auf. Wenn du mit dem Ergebnis nicht zufrieden bist, füge einfach noch etwas Farbe oder Wasser zu.

Mit Filzstift kannst du Details aufzeichnen. Das geht aber nur, wenn du das Holz schon mit Acrylfarbe bemalt hast, denn sonst zerfließt die Filzstiftfarbe.

4 Bei einigen Modellen werden Innenflächen herausgesägt. Das gelingt ganz einfach mit einem kleinen Trick. Zuerst musst du in die aufgezeichnete Innenfläche, die du heraussägen willst, ein Loch bohren. Dazu kannst du den Drill- oder Nagelbohrer verwenden. Bohre dieses Loch nicht direkt neben die Bleistiftlinie, sondern etwa 5 mm daneben. Löse das Sägeblättchen an einer Seite der Laubsäge, stecke es durch das Bohrloch und befestige es wieder an der Säge. Jetzt kannst du die Fläche heraussägen.

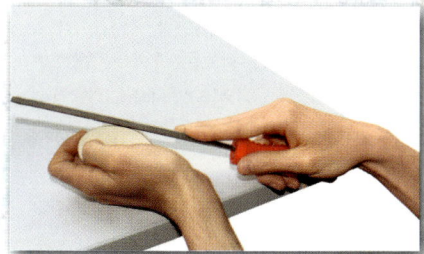

5 Es kann vorkommen, dass dein ausgesägtes Teil einige Wellen oder unsaubere Stellen

So wird's gemacht

Brandmalerei

1 Kopiere die Vorlage auf die richtige Größe und schneide die Kopie aus. Dann legst du sie auf das Sperrholz und befestigst sie an der Oberseite der Sperrholzplatte mit Klebefilm.

3 Hebe die Vorlage und das Kohlepapier etwas an und kontrolliere, ob du alle Linien nachgezogen hast. Wenn nicht, musst du sie nachziehen. Anschließend kannst du beides abnehmen.

Schneiden von Styropor®

1 Zeichne zuerst mit Filzstift und Lineal die Linie auf, an der geschnitten werden soll, oder du legst eine Schablone auf und zeichnest den Umriss mit Filzstift nach. Am besten schneidest du Styropor® mit dem Heißen Draht zu. Der Heiße Draht sieht so ähnlich wie eine kleine Laubsäge aus. Am hier roten Griff ist ein kleiner Bügel, der gedrückt wird. Sobald du den Abzug drückst, wird der gespannte Draht heiß.

2 Mit Kohlepapier kannst du jetzt deine Vorlage auf das Holz übertragen. Hebe die Kopie an und schiebe das Kohlepapier mit der schwarzen Seite nach unten unter die Vorlage. Dann kannst du die Linien mit dem leergeschriebenen Kugelschreiber nachziehen. Hinweis: Wenn du einen Kugelschreiber mit Tinte nimmst, siehst du zwar, welche Linien du bereits nachgezogen hast, aber der Kugelschreiber schreibt danach nicht mehr sauber, sondern er schmiert.

4 Nun kannst du alle Linien mit dem Brennstab nachziehen. Mach aber unbedingt auf einem Holzrest erste Brennversuche. Die Brennspitze darf nur sehr kurz an einer Stelle bleiben, sonst brennt sich die heiße Spitze tief in das weiche Holz ein. Beachte auch: Während du arbeitest, wird der Griff heiß, so dass du den Brennstab auf die Ablage legen und den Stecker ziehen musst. Wenn der Griff abgekühlt ist, kannst du den Brennstab wieder einstecken und weiterarbeiten. Sei beim Umgang mit dem Brennstab immer sehr vorsichtig und beachte die Herstellerhinweise.

2 So schließt du das Gerät an die Batterie an: Aus dem Handgriff ragen zwei (hier weiße) Drähte, an deren Ende sich jeweils ein kleines Metallplättchen mit jeweils zwei Schlitzen befindet. Aus der Batterie ragen als Plus- und Minuspol zwei Blechstreifen. Auf diese Blechstreifen steckst du jeweils eines der beiden Metallplättchen und zwar durch beide Schlitze. Du kannst dich dabei nicht verbrennen und der Draht wird nur heiß, wenn du den „Abzug" drückst.

Meine Tipps für dich

Laubsägearbeiten

Am besten verwendest du für Laubsägearbeiten Pappelsperrholz. Dieses ist fast weiß und ziemlich weich, weshalb es sich leicht sägen lässt. Die Stärken 3, 4 und 6 mm eignen sich am besten. Dabei gilt: je dicker das Holz, desto stabiler ist es.

Holzleim

Express-Holzleim trocknet viel schneller als herkömmlicher Holzleim. Er ist in feuchtem Zustand weiß, nach dem Trocknen aber farblos.

Elektroarbeiten

Beim Arbeiten mit allen elektrischen Geräten solltest du dir von einem Erwachsenen helfen lassen.

3 Du hältst den „Abzug" gedrückt und der heiße Draht gleitet so ganz leicht durch das Styropor®. Die Schnittkanten sind auch ganz glatt. Zur Sicherheit solltest du an einem Styropor®rest einige Probeschnitte machen, bevor du loslegst. Lege die Styropor®platte so auf den Tischrand, dass der Teil, der abgeschnitten werden soll, übersteht.

4 Falls du keinen Heißen Draht zur Hand hast, ist das kein Problem. Alternativ kannst du auch ein großes Messer verwenden. Dessen Klinge sollte mindestens 15 cm lang sein und keinen Wellenschliff haben. Im Gegensatz zum Heißen Draht werden die Schnittränder nicht ganz glatt, es quietscht beim Schneiden ziemlich laut und es können dabei auch viele kleine Styropor®flocken entstehen. Geschnitten wird in jedem Fall auf einer Schneideunterlage oder einem Brett.

Farbe auftragen

Ganz schnell und gleichmäßig kannst du größere Bastelarbeiten mit einem Schwämmchen einfärben. Wichtig ist, dass du hierbei Gummihandschuhe trägst, um deine Hände zu schützen. Gib dann etwas Acrylfarbe auf ein kleines Schwämmchen und trage die Farbe mit diesem gleichmäßig auf. Wenn du keine Gummihandschuhe hast, kannst du auch einfach mit der Schere ein Stück vom Schwamm abschneiden und dieses mit einer Wäscheklammer fassen. So hast du einen Schwämmchenpinsel, mit dem du wahrscheinlich keine farbigen Finger bekommst.

Holz durchsägen

Ein Brett oder eine Latte sägst du mit dem Fuchsschwanz ab. Dazu zeichnest du zuerst mit Bleistift und Lineal die Sägelinie auf das Brett. Dann legst du das Brett so auf einen Holzklotz (oder einen Holzblock, eine Mauer etc.), dass die linke Seite des Brettes aufliegt und der Teil des Brettes (also rechts von der Bleistiftlinie), der abgesägt werden soll, frei in die Luft ragt. Halte dann das Brett mit der linken Hand fest und säge zuerst auf der Bleistiftlinie entlang, bis eine etwa 5 mm tiefe Rinne entsteht. Dann hältst du die Säge schräg mit der Spitze nach unten und sägst das Brett durch.

Vorsicht!

Beim Umgang mit Messern musst du besonders vorsichtig sein, damit du dich und niemand anderen gefährdest.

11

Abenteuerwelten

Mutige Ritter, heldenhafte Indianer, kampflustige Piraten oder Gruselgestalten, alle finden im folgenden Kapitel tolle Selbermach-Ideen für ein stilechtes Leben als Abenteurer. Mit wenig Aufwand entstehen Waffen, Schmuck, einfache Kostüme und vieles mehr.

Schwert und Dolch

1 Zuerst fertigst du dir eine Schablone an. Diese legst du auf das Sperrholz und zeichnest den Umriss mit Bleistift nach. Nun kannst du die gewünschte Waffe aussägen.

Beim Schwert ist die lange gerade Klinge für viele ein Problem. Eine einfache Lösung ist, dass du Klinge und Griff in einem Stück (3 cm breit, 42 cm lang) im Baumarkt oder von deinem Papa zusägen lässt. Zwischen Klinge und Griff ist die sogenannte Parierstange,

die im Kampf verhindert, dass das gegnerische Schwert deine Hand trifft, also die Klinge des Gegners pariert. Diese Parierstange sägst du einfach extra aus.
Bei der Klinge musst du vorne noch die Spitze sägen. Anschließend gleichst du mit der Feile etwaige Dellen aus. Bearbeite dann die ausgeschnittenen Teile mit Säge und Schleifpapier. Wenn du die

Parierstange separat ausgesägt hast, musst du sie auf das Schwert leimen. Nachdem der Leim getrocknet ist, kannst du aus Stabilitätsgründen noch zwei kleine Löcher in die Papierstange bohren und zwei kleine Nägel einschlagen oder Schräubchen eindrehen.

2 Jetzt kannst du deine Waffe mit Acrylfarben bemalen. Für die Klingen verwendest du zum Auftragen der Farbe am besten ein Schwämmchen. Gummihandschuhe aber nicht vergessen!

DAS BRAUCHST DU

➜ **für Schwert und Dolch**
Sperrholz, 6 oder 8 mm stark, 26 cm x 9 cm (Dolch) und 43 cm x 11 cm (Schwert)
Acrylfarbe in Silber und Schwarz

➜ **Vorlage Seite 110**

Bei den Rittersleuten

Helm

1 Zuerst wird der Kleister angerührt. Dazu nimmst du einen Esslöffel mit Kleisterpulver und schüttest es in ein kleines Gläschen. Merke dir die Füllhöhe des Kleisterpulvers im Gläschen und schütte dann das Kleisterpulver in die Schüssel. Nun füllst du das Gläschen bis zur gleichen Füllhöhe mit kaltem Wasser und schüttest es in die Schüssel. Das wiederholst du noch 19 Mal. In der Schüssel sind dann 1 Teil Kleisterpulver und 20 Teile Wasser. Verrühre das Kleisterpulver und das Wasser jetzt gründlich und lasse die Mischung etwa 5 Minuten ziehen. Dann rührst du den Brei nochmals gut durch – fertig ist der Kleister!
Ab jetzt solltest du auf einer wasserdichten Arbeitsunterlage arbeiten. Schneide dazu eine Plastiktüte an einer Seite auf und schneide dann den Tütenboden ab. Jetzt kannst du die Tüte wie ein Heft aufklappen und hast eine prakti-sche Arbeitsfläche. Stelle die Kleisterschüssel samt Pinsel auf die Arbeitsfläche.
Nun wird für den Helm Maß genommen. Schneide dazu mit der Schere von der Zeitung einen etwa 2 cm breiten Streifen ab und lege ihn wie ein Stirnband um deinen Kopf. Da der Helm später nicht zu eng sitzen soll, gibst du noch 1 cm zu. Klebe anschließend das Stirnband zusammen. Nun bläst du den Luftballon so weit auf, dass das Stirnband fest anliegt und verknotest den Luftballon.

2 Lege mehrere Bogen Zeitungspapier aufeinander und reiße 2 bis 3 cm breite Streifen ab (dabei kannst du ganz nebenbei auch checken, wie stark du bist). Die Streifen sollten nicht länger als ca. 20 cm sein. Bereite ca. 30 bis 40 Streifen vor und lege sie auf die Arbeitsfläche.

4 Die nächsten Streifen werden kreuz und quer aufgeklebt. Die vierzig Papierstreifen werden sicherlich nicht ausreichen, deshalb musst du nach Bedarf noch Nachschub ausreißen. Je mehr Streifen du aufklebst, desto stabiler wird der Helm. Eine halbe Zeitung sollte es schon sein (aber natürlich nicht die Samstags-Ausgabe mit den vielen Stellen-anzeigen). Den Luftballon kannst du während des Arbeitens übrigens ohne Probleme auf der Arbeitsfläche ablegen.

6 Ist alles getrocknet, stichst du mit der Schere in den Luftballon und ziehst den geplatzten Ballon aus der Papierhalbkugel.

7 Mit der Schere kannst du dann deinen Helm zurecht-schneiden.

8 Anschließend bemalst du ihn mit Acrylfarbe. Wenn er etwas zu locker sitzt, kannst du am Helmrand zwei Löcher ein-stechen und ein Gummiband anbringen.

3 Halte den Luftballon mit einer Hand am Mundstück und streiche die obere Hälfte mit reichlich Kleister ein. Dann legst du einen oder zwei Papierstrei-fen auf und überpinselst sie mit reichlich Kleister. Entweder du beginnst, indem du die Papier-streifen sternförmig über die Luftballonspitze legst und einstreichst und dann die näch-sten Streifen wie ein Stirnband anklebst oder umgekehrt.

5 Bist du mit deinem Werk zufrieden, bindest du eine Schnur um das Mundstück und hängst den Luftballon zum Trocknen auf. Jetzt ist Geduld gefragt, denn es kann mehrere Tage dauern, bis der Kleister in den vielen Papierschichten trocken ist. Vergiss nicht, den Pinsel und die Schüssel gründlich zu reinigen!

Schild

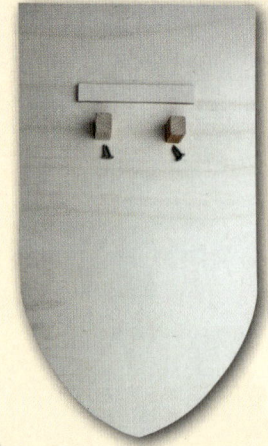

DAS BRAUCHST DU

➔ **für den Schild**

Sperrholz, 6 mm stark,
  29,5 cm x 57 cm und
  15 cm x 2,5 cm

Holzleiste, 2,5 cm x 2,5 cm,
  mindestens 6 cm lang
  (davon zwei 3 cm lange
  Stücke absägen)

Acrylfarbe in Schwarz

Papierstreifen in Weiß, 4 cm
  breit, 60 cm und 29,5 cm lang

4 Kreuzschlitzschrauben,
  2,5 cm lang

Karton, 30 cm x 30 cm

➔ **Vorlage Seite 110**

1 Zuerst stellst du dir eine Schablone her. Dazu schneidest du aus Karton ein Quadrat (29,5 cm x 29,5 cm) aus. Und von der Schildspitze fertigst du eine Fotokopie in der angegebenen Größe an und schneidest diese aus. Klebe die Schildspitze und das Papierquadrat direkt aneinander auf den großen Karton und schneide dann die Schildschablone aus. Vom Griff fertigst du ebenfalls eine Schablone an und stanzt die beiden Bohrlöcher mit einer Lochzange aus.

Weil der Schild so lange und gerade Ränder hat, die schwer sauber auszusägen sind, lässt du dir am besten eine Platte mit den Maßen 29,5 cm x 56,5 cm im Baumarkt aussägen. Du hast dann sofort drei gerade Seiten. Lege die Schablone auf und zeichne den Umriss der Schildspitze auf. Du musst jetzt nur die Schildspitze aussägen.

2 Säge noch den Handgriff aus und bohre die beiden Löcher. Damit der Handgriff nicht direkt auf dem Schild aufliegt, werden noch zwei Abstandshalter benötigt. Dazu sägst du von der Holzleiste zwei 3 cm lange Stücke ab. Dann glättest du alle Holzteile an den Rändern mit Feile und Schleifpapier.

Spiel und Spaß
DRAUSSEN

So ausgerüstet könnt ihr ein Turnier bestreiten. Lasst euch jeweils von einem anderen, der das Pferd spielt, huckepack nehmen und versucht, euch gegenseitig von eurem „Pferd" zu ziehen. Achtet darauf, weich zu fallen, z. B. in eine Wiese oder Sand. Statt eines menschlichen Pferdes tut's zur Not auch ein Hocker.

4 Färbe den Schild mit dem Schwämmchen schwarz ein, nach dem Trocknen kannst du die weißen Papierstreifen als Kreuz auf den Schild kleben, alternativ kannst du das Kreuz mit weißer Farbe aufmalen. Den Schild kannst du natürlich auch mit deinem Wappen schmücken, hier sind deiner Fantasie keine Grenzen gesetzt!

3 Lege die Schablone des Handgriffs so auf den Schild, dass er zum oberen Rand 20 cm und zum rechten und linken Rand jeweils 7,2 cm Abstand hat. Jetzt kannst du durch die Löcher der Handgriffschablone zwei Bleistiftpunkte auf den Schild zeichnen. An diesen Stellen durchbohrst du den Schild.

Nun schraubst du die beiden Abstandshölzer zuerst an den Handgriff, dann wird der Handgriff an den Schild geschraubt.

Bei den Rittersleuten

Ritterrüstung

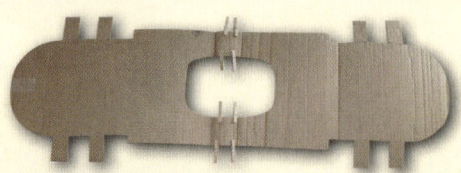

noch den Halsausschnitt heraus. Oben an den Schultern sind zwei Rechtecke, die durchkreuzt sind (siehe Vorlage). Bei einem Kartonteil trägst du hier Klebstoff auf und legst dann das zweite Teil so darauf, dass die durchkreuzten Flächen aufeinanderliegen. Damit die Teile nicht verrutschen, bringst du noch ein paar Wäscheklammern an.

Jetzt kannst du die Rüstung bemalen. Nun wird die Rüstung in Brust- und Hüfthöhe am Rand mit einem Schaschlikstäbchen oder einem Nagel durchstochen und jeweils eine Schnur eingezogen.

4 An den Schultern sind zwei Rechtecke, die durchkreuzt sind (siehe Vorlage). Trage auf ein Rüstungsteil hier Klebstoff auf und lege dann das zweite Teil so auf, dass die durchkreuzten Flächen aufeinanderliegen. Damit die Teile nicht verrutschen, bringst du noch ein paar Wäscheklammern an.

DAS BRAUCHST DU

➔ **für die Rüstung**

Karton von einer großen Verpackung, z. B. 2 x 50 cm breit und 80 cm lang

dunkle Schnur, 8 x 40 cm lang

Acrylfarbe in Schwarz

Tonkarton in Weiß, A4

Schaschlikstäbchen o. Ä.

Wäscheklammern

➔ **Vorlage Seite 112 / 113**

5 Knicke die Laschen an den gestrichelten Linien, dann kannst du die Rüstung bemalen. Nach dem Trocknen werden die Laschen mit einem Schaschlikstäbchen oder einem Nagel durchstochen und je eine Schnur eingezogen. Zum Schluss klebst du das aus weißem Tonkarton ausgeschnittene Kreuz auf.

1 Schneide von einer großen Kartonverpackung die beiden benötigten Teile ab. Wichtig ist der Verlauf der Wellenstruktur. Sie sollte quer verlaufen, damit die Rüstung z. B. an den Schultern gebogen oder geknickt werden kann.

2 Die einfachste Variante einer Rüstung wäre folgende (nicht abgebildet): runde beide Kartonstücke unten mit der Schere ab und schneide dann

3 Die auf dem Foto gezeigte Version ist etwas aufwändiger. Hier haben die Rüstungsteile an der Seite Laschen.

Bärenklauenkette

DAS BRAUCHST DU

➔ für die Bärenklauenkette

Sperrholz, 6 mm stark,
8 cm x 10 cm

Kartonrest

Lederriemen oder Kordel,
ø 2 mm, 70 cm lang

8 Holzperlen, ø 1 cm

6 Holzperlen, ø 1,2 cm

Bohrer, ø 2 mm

➔ Vorlage Seite 113

[1] Zuerst stellst du die Klauen her. Dafür fertigst du eine Schablone an und überträgst den Umriss mit Bleistift fünf bzw. sieben Mal auf das Sperrholz. Jetzt kannst du die Bärenklauen aussägen. Schleife die Ränder glatt und durchbohre dann die Klauen.

[2] Jetzt kannst du die Holzperlen und die Bärenklauen auf den Lederriemen auffädeln und deine Lieblingskette gestalten. Die Reihenfolge und Farbe der Perlen und die Anzahl der Klauen kannst du natürlich abwandeln.

EXPERIMENTIEREN

Indianer-Schminke

Kein Indianer ohne Kriegsbemalung. Wer keine Schminkfarben zuhause hat, rührt die aus ein paar Tropfen Lebensmittelfarbe und einem Teelöffel Wundschutzcreme selbst an. Gib diese zusammen in ein kleines Gefäß, erhitze das Ganze kurz in der Mikrowelle (mithilfe eines Erwachsenen!) und rühre die Masse anschließend gründlich mit einem Holzstäbchen um. Abkühlen lassen und schminken.

Indianerleben

Stirnband

1 Das Stirnband ist ganz einfach gemacht. Loche zuerst den Filz- oder Lederstreifen an beiden Enden mit der Lochzange einmal. Dann kannst du durch jedes Loch ein Stück Lederband oder Kordel ziehen und verknoten.

2 Jetzt fehlt nur noch der Federschmuck. Stanze zwei weitere, parallel zueinander liegende Löcher aus, in diese kannst du dann eine Feder stecken. Auf die gleiche Art kannst du so viele Federn anbringen, wie du möchtest. Besonders gut sieht es aus, wenn du vorne große Federn einsteckst und dann nach hinten hin immer kleinere.

Friedenspfeife

1 Für die Pfeife brauchst du ganz frische Ruten, weil sie leichter zu bearbeiten sind. Du kannst sie das ganze Jahr über schneiden.

Mit der Säge sägst du die Enden der Rute und des Zweigstücks ab. Dann kannst du in die Rute mit deinem Taschen- oder Schnitzmesser die verschiedensten Muster deines Stammes schneiden. Am Mundstück schälst du die Rinde vollständig ab. Am gegenüberliegenden Ende, da, wo der Pfeifenkopf befestigt werden soll, musst du eine glatte Fläche als Auflage schnitzen. Diese Fläche soll so breit wie der Pfeifenkopf sein.

2 Nun ist der Pfeifenkopf an der Reihe. Dafür wird ein Zweigstück (ø 2–2,5 cm, 4,5 cm lang) benötigt. Um den Pfeifenkopf zu befestigen, schlägst du die beiden Nägel durch die Rute in den Pfeifenkopf.

3 Zum Schluss kannst du die Friedenspfeife noch bemalen. Dann werden die Federn mit einem Stück Zwirn zu einem Büschel zusammengebunden. Nun knotest du das Federbüschel an die Pfeife.

Mein Tipp für dich
Statt Federn kannst du auch Bänder, auf welche du bunte Holzperlen gezogen hast, anbringen.

Indianerleben

Kriegsbeil

1 Damit du die Klinge aussägen kannst, musst du zuerst eine Schablone anfertigen und den Umriss auf das Sperrholz übertragen. Säge die Klinge aus und glätte die Ränder gründlich mit Schleifpapier.
Als Stiel verwendest du eine frische Rute. In diese kannst du ganz verschiedene Muster mit deinem Taschen- oder Schnitzmesser schneiden. Damit die Klinge gut aufliegt, musst du an einem Ende des Beilstiels eine glatte Auflagefläche schneiden.

2 Binde nun mit Lederband oder Kordel die Klinge auf die geglättete Fläche auf dem Beilstiel. Damit die Klinge nicht verrutscht, schlägst du noch die beiden Nägel ein.

3 Wenn du magst, kannst du das Kriegsbeil anschließend noch bemalen. Mit dem Zwirn werden die Federn zu einem Büschel zusammengefasst. Dann fädelst du die beiden Perlen auf und bindest das Federbüschel an den Stiel.

DAS BRAUCHST DU

→ **für das Kriegsbeil**

frische Haselnuss- oder Weidenrute, ø ca. 2 cm bis 2,5 cm, ca. 40 cm lang

Sperrholz, 6 mm stark, 8 cm x 15 cm

Kartonrest

2 Nägel, 2,5 cm lang

Lederband oder Kordel, ca. 3 mm breit, 50 cm lang

Zwirn oder Bindfaden

Federn

2 Holzperlen, ø 1 cm

Acrylfarben

→ **Vorlage Seite 116**

Waffen

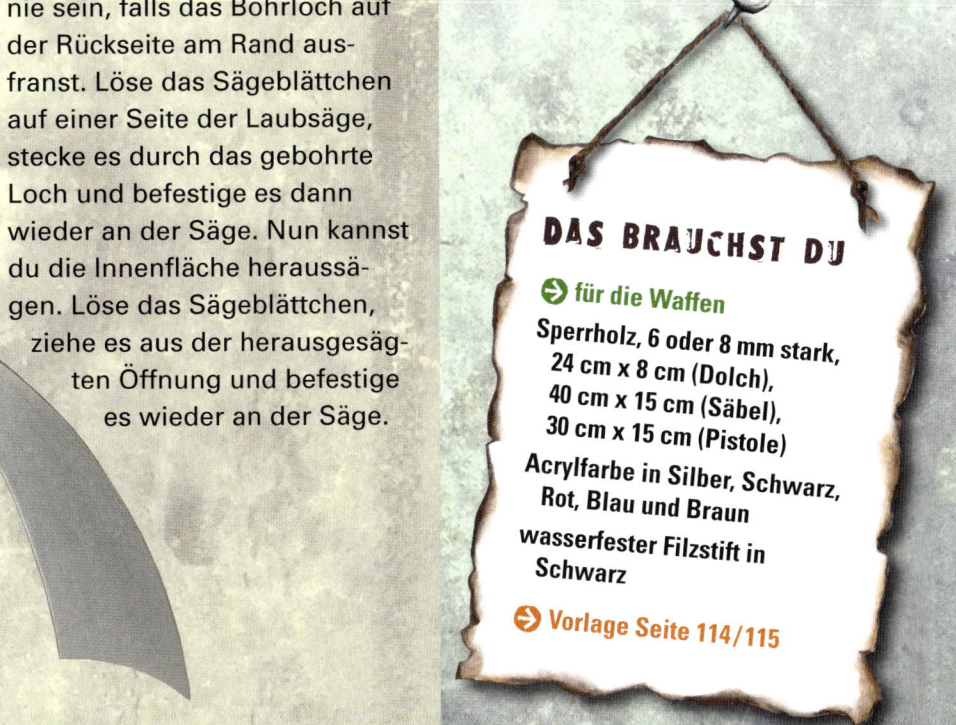

1 Für den Dolch fertigst du dir von der Vorlage eine Schablone an. Lege die Schablone auf das Sperrholz und zeichne den Umriss mit Bleistift nach. Dann kannst du den Dolch relativ einfach aussägen. Anschließend gleichst du mit der Feile etwaige Dellen in der Dolchklinge aus und glättest dann die Ränder mit Schleifpapier.

Damit der Dolch richtig echt aussieht, bemalst du ihn mit Acrylfarben. Für die Klinge verwendest du am besten ein Schwämmchen. Vergiss nicht, Gummihandschuhe anzuziehen!

2 Für Säbel und Pistole musst du dir ebenfalls Schablonen herstellen. Hier gibt es Stellen, an die du mit der Schere nicht so einfach rankommst, z. B. am Abzugshahn der Pistole und am Säbelgriff. Hier musst du zuerst ein Loch einstechen, dann kannst du die Innenfläche herausschneiden. Lege dann die Schablone auf das Sperrholz, zeichne den Umriss und auch die Innenfläche mit dem Bleistift auf.

3 Jetzt kannst du deine Waffe aussägen. Damit du die Innenfläche heraussägen kannst, musst du ein Loch in die Innenfläche bohren. Das Loch sollte nicht zu dicht an der Bleistiftlinie sein, falls das Bohrloch auf der Rückseite am Rand ausfranst. Löse das Sägeblättchen auf einer Seite der Laubsäge, stecke es durch das gebohrte Loch und befestige es dann wieder an der Säge. Nun kannst du die Innenfläche heraussägen. Löse das Sägeblättchen, ziehe es aus der herausgesägten Öffnung und befestige es wieder an der Säge.

4 Anschließend werden die Ränder und Kanten von Pistole und Säbel evtl. noch etwas mit der Feile korrigiert und dann mit dem Schleifpapier geglättet. Zum Schluss bemalst du die Waffen so wie auf der Abbildung zu sehen oder ganz nach deinen Vorstellungen. Bei der Pistole kannst du noch mit dem schwarzen Filzstift einige Linien und Punkte ergänzen.

DAS BRAUCHST DU

➜ **für die Waffen**

Sperrholz, 6 oder 8 mm stark, 24 cm x 8 cm (Dolch), 40 cm x 15 cm (Säbel), 30 cm x 15 cm (Pistole)

Acrylfarbe in Silber, Schwarz, Rot, Blau und Braun

wasserfester Filzstift in Schwarz

➜ **Vorlage Seite 114/115**

Piraten der Weltmeere

Piratenhüte

DAS BRAUCHST DU

➡ **für die Hüte**

Fotokarton in Rot und / oder Schwarz, 42 cm x 40 cm

Kartonreste in Weiß

Chenilledraht in Rot, ø 1 cm

5 bzw. 7 Plastikstrasssternchen in Kristall oder Rot, ø 1,5 cm

4 Plastikstrasssteine in Kristall oder Rot, ø 1,5 cm

ca. 40 Pailletten gewölbt in Silber, ø 6 mm

➡ Vorlage Seite 116 / 117

1 Für die Hüte fertigst du vom Hutteil, der Plakette auf dem Hutteil sowie von Totenschädel, Knochen und Entermesser jeweils eine Schablone an. Die Umrisse überträgst du dann auf den jeweiligen Fotokarton. Achtung: Das Hutteil, der Knochen und das Entermesser werden doppelt benötigt. Schneide die Teile sorgfältig aus.

2 Lege auf die Plakette zuerst den Totenschädel, dann ordnest du die Knochen oder die Entermesser an. Vielleicht willst du auch beides verwenden. Wenn alles seinen Platz hat, nimmst du immer ein Teil ab und klebst es dann an, bevor du das nächste abnimmst. Anschließend klebst du die fertige Plakette auf ein Hutteil. Auf den unteren Hutrand klebst du entweder einen 1 cm breiten Kartonstreifen in der anderen Farbe oder den Chenilledraht. Das überstehende Drahtende zwickst du mit der Kombizange oder einem Seitenschneider ab.

3 Pailletten klebst du mit etwas Alleskleber auf. Verwende eine Pinzette zum Auflegen. Die Strasssteine solltest du nicht mit Alleskleber befestigen. Dieser Klebstoff enthält Lösungsmittel, die die Silberschicht auf der Rückseite der Strasssteine auflösen. Verwende stattdessen einen sogenannten Schmucksteinkleber.

4 Nun nimmst du das zweite Hutteil, trägst auf der linken und rechten Seite innerhalb der gestrichelten Flächen Alleskleber auf und legst dann das andere Hutteil, das du mit der Plakette verziert hast, auf. Wenn dir der fertige Hut zu groß ist und dir ins Gesicht rutscht, dann trägst du einfach innen am Hut links und rechts noch etwas Klebstoff auf.

Augenklappe

Piratenflagge

DAS BRAUCHST DU

➔ **für die Augenklappe**

Lederrest in Schwarz oder Dunkelbraun, ca. 12 cm x 8 cm oder größer

Lochzange

Schuhbänder, Veloursband oder Ähnliches in Schwarz, 2 x ca. 35 cm lang

➔ **Vorlage Seite 117**

1 Fertige zuerst eine Schablone von der Vorlage an. Die Schablone legst du dann auf den Lederrest und ziehst den Umriss mit einem Kugelschreiber oder Filzstift nach.

2 Anschließend kannst du die Augenklappe ausschneiden und mit der Lochzange die beiden Löcher ausstanzen. Ziehe nun durch jedes Loch ein Band und verknote das Ende.

1 Fertige von Totenkopf und Knochen eine Schablone an und übertrage die Umrisse auf den weißen Stoff. Schneide die Teile aus und klebe sie mit Stoffkleber auf den schwarzen Stoff. Den Flaggenrand kannst du nachträglich noch unregelmäßig nachschneiden und teilweise auch einreißen.

2 Den Stoff befestigst du dann mit dem Tacker oder mit Nägeln an der Fahnenstange.

DAS BRAUCHST DU

➔ **für die Fahne**

Baumwollstoff in Schwarz (70 cm x 50 cm) und in Weiß (30 cm x 30 cm)

Rundholz, ø ca. 3 cm (oder Besenstiel, Ast etc.)

Stoffkleber

Tacker oder Nägel mit breitem Kopf

➔ **Vorlage Seite 119**

Piraten der Weltmeere

Für deine Kajüte

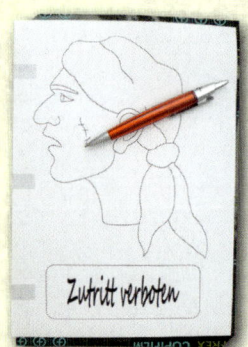

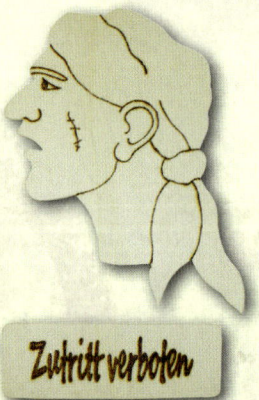

1 Fotokopiere die Vorlage und lege sie auf die Sperrholzplatte.

2 Dann befestigst du sie genau am oberen Rand der Sperrholzplatte mit Klebefilm. Damit du das Kohlepapier mit der beschichteten Seite nach unten unter die Vorlage schieben kannst, hebst du diese etwas an. Mit dem leergeschriebenen Kugelschreiber ziehst du nun alle Linien der Vorlage nach. So übertragen sie sich auf das Holz. Für lange, gerade Linien ist ein Lineal sehr hilfreich. Du kannst natürlich auch eine andere Beschriftung anbringen, z. B. deinen Namen für die Vorderseite, auf der Rückseite könnte dann stehen „Zutritt nur für Piraten", oder „Du darfst eintreten".

3 Bevor du die Vorlage und das Kohlepapier abnimmst, hebst du beides etwas an und kontrollierst, ob du keine Linie vergessen hast. Säge jetzt alles aus. Die Ränder kannst du mit der Feile korrigieren und mit Schleifpapier glätten. Bohre jeweils ein Loch in den Hals und in das Schild.

4 Du kannst jetzt alles direkt mit Acrylfarben bemalen oder du ziehst die Linien noch mit dem Brennstab nach (siehe Seite 10). Wenn du keinen Brennstab verwendest, schreibst du auf das bemalte Schild mit Bleistift den Text. Dann werden die Buchstaben mit dem Pinsel nachgemalt.

DAS BRAUCHST DU

→ **für das Türschild**

Pappel-Sperrholzplatte, 4 bis 6 mm stark, 30 cm x 20 cm

Acrylfarbe in Braun, Schwarz, Blau und Gelb

Zwirn oder Bindfaden

Holzbohrer, ø 3 mm

Klebepads oder doppelseitiges Klebeband

Brennstab

→ **Vorlage Seite 118 / 119**

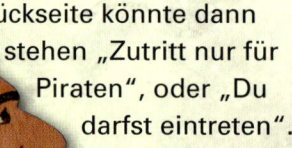

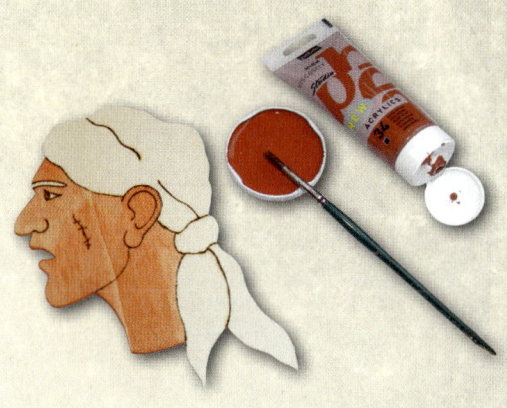

5 Wenn du magst, kannst du die Farben zum Bemalen mit Wasser verdünnen, so bleibt die Maserung des Holzes noch erkennbar. Dazu gibst du etwas Farbe und etwas Wasser in einen Dosendeckel und verrührst alles. Trage diese Farbe dann zur Probe auf einen Sperrholzrest auf. Wenn dir das Ergebnis nicht gefällt, kannst du noch etwas mehr Farbe oder Wasser zugeben.

6 Zum Schluss wird das Schild mit Zwirn oder Bindfaden am Kopf befestigt. Den Kopf selber kannst du mit Klebepads oder doppelseitigem Klebeband an deiner Zimmertür befestigen. Das Schild wird natürlich nicht angeklebt, denn man muss es ja drehen können.

Zutritt verboten

Gruselclub

Tütenmasken

DAS BRAUCHST DU

→ **für die Tütenmasken**

Papiertüte (z. B. für Bio-Abfall, 10 Liter), 23 cm breit, 33 cm hoch, 12,5 cm tief

1 Bogen Papier, A4

Brett- oder Schneideunterlage

→ **Vorlage Seite 120**

1 Lege die leere Tüte wie gezeigt vor dich.

2 Nun fertigst du dir eine Schablone an. Falte dazu den Bogen Papier genau in der Mitte und nochmals in der Mitte. Dann kannst du mit Bleistift ein halbes Auge, eine halbe Nase und einen halben Mund aufzeichnen und dann die Bleistiftlinien mit der Schere ausschneiden.

Entfalte das Papier und halte es vor dein Gesicht. Liegen die Augen, die Nase und der Mund an der richtigen Stelle? Wenn nicht, musst du noch ein zweites Papier falten und schneiden. Wenn das Gesicht passt, legst du das Papier so auf die Tüte, dass es mit dem Tütenrand eine Linie bildet. Mit Bleistift kannst du nun in den herausgeschnittenen Öffnungen im Papier die Umrisse nachziehen und dann das Papier abnehmen. Jetzt weißt du, wo die Öffnungen sind und kannst sie nach deinen eigenen Wünschen abändern, indem du zum Beispiel Schlitzaugen oder Vampirzähne malst. Wenn es schneller gehen soll oder du eine größere Tüte verwenden möchtest, dann stülpe sie dir über den Kopf und taste ab, wo sich deine Nase,

dein Mund und deine Augen befinden. Nun brauchst du einen Helfer, der die Stellen auf der Tüte markiert. Nun kannst du mit Bleistift das Gesicht aufzeichnen.

3 Anschließend schiebst du die Schneideunterlage in die Tüte und schneidest die Öffnungen heraus.

4 Wenn du damit fertig bist, kannst du die Schneideunterlage entfernen und das Gesicht möglichst schrecklich bemalen.

Gruselclub
Erschrecker-Spinne

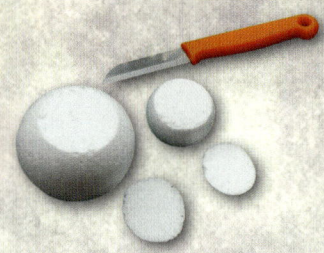

1 Schneide von den Styropor®kugeln quer zur Klebenaht mit einem Messer mit glatter Klinge eine Scheibe mit ca. 3 cm Durchmesser ab. Die Schnittflächen an beiden Kugeln sollten etwa gleich groß sein.

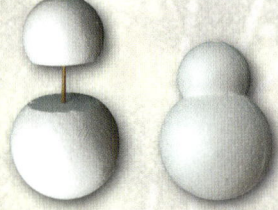

2 Nun klebst du die Kugeln an der Schnittstelle aufeinander. Stecke zuerst den Zahnstocher in die Schnittfläche der großen Kugel. So wird die Verklebung stabiler. Dann kannst du weißen Bastelkleber auftragen und die kleine Kugel aufstecken. Wichtig: Verwende unbedingt weißen Bastelkleber ohne Lösungsmittel, denn klarer Alleskleber mit Lösungsmittel löst das Styropor® auf!

4 Damit sich der Rumpf gut bemalen lässt, steckst du einfach einen Bleistift in eines der Beinlöcher und bemalst dann den Rumpf mit Pinsel und schwarzer Farbe.

5 Ist die Farbe trocken, kannst du den Chenilledraht für die Klauen (6 cm lang) und die Beine (20 cm lang) einstecken. Die Beine werden 12 cm von den Fußspitzen rechtwinklig abgebogen. Die Klauen biegst du genau in der Mitte. Anschließend werden die Wackelaugen aufgeklebt. Wenn du magst, kannst du noch zwei Papierstreifen (1 cm x 4 cm) ausschneiden und als Kreuz auf den Spinnenrücken kleben. Den Stab malst du schwarz an und bindest an ein Ende das Gummiband oder den Zwirn. Biege den kurzen Draht zu einer Öse und stecke sie in den Spinnenrücken. Nun kannst du das Gummiband an die Drahtöse binden und losziehen, um Leute zu erschrecken.

DAS BRAUCHST DU

→ für die Spinne

je eine Styropor®kugel, ø 4 cm und 6 cm

Zahnstocher

Chenilledraht in Braun, ø 1 cm, 8 x 20 cm und 2 x 6 cm lang

2 Wackelaugen, ø 1,5 cm

Acrylfarbe in Schwarz

weißer Bastelkleber

Rundholzstab oder Zweig, ø ca. 1 cm, ca. 50 cm lang

Drahtstück, ø ca. 1 mm, ca. 4 cm lang

Gummiband oder Zwirn in Schwarz, ca. 1 m lang

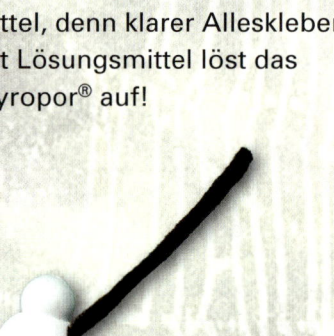

3 Mit Bleistift werden direkt unterhalb der Klebenaht der großen Styropor®kugel für die Beine auf beiden Seiten jeweils vier Löcher eingestochen. Am Kopf stichst du zwei Löcher für die Klauen ein.

Tanzende Fledermaus

1 Zunächst kopierst du die Vorlage, klebst sie auf den Karton und schneidest sie aus – fertig ist deine Schablone. Schneide auch das Auge (ø 1,5 cm) als Schablone aus. Lege die Fledermaus-Schablone auf das Sperrholz und zeichne den Umriss mit Bleistift nach. Dann kannst du das Tier aussägen. Anschließend wird das Aufhängeloch zwischen den Ohren gebohrt. Den Rand glättest du mit der Feile und mit Schleifpapier.

2 Jetzt kannst du die Fledermaus auch schon schwarz anmalen. Verwende am besten ein Schwämmchen und vergiss die Gummihandschuhe nicht. Natürlich kannst du auch einen Pinsel nehmen, aber das dauert viel länger und die Farbe wird nicht so gleichmäßig verteilt. Wenn die Farbe trocken ist, legst du die Augenschablone auf das gelbe Tonpapier und zeichnest den Umriss zweimal auf. Schneide die Augen aus, male mit Filzstift noch die Pupillen und klebe dann die Augen auf die Fledermaus.
Zum Schluss wird das Gummiband oder eine Zugfeder am Aufhängeloch angebracht.

Auf nach draußen!

Direkt vor der Haustüre lockt die große Freiheit: Die Natur ist ein großartiger Abenteuerspielplatz, der mit spannenden Dingen zum Forschen und Entdecken lockt, aber auch geniale Bastelmaterialien bietet.

Für Vogelfreunde

Nistkasten

DAS BRAUCHST DU

➔ **für den Nistkasten**

Fichtenbrett, gehobelt,
  2 cm stark, 11 cm bis 13 cm
  breit, 45 cm lang (2 Seitenwände und Rückwand)

Fichtenlatte, gehobelt,
  2 cm stark, 5 cm breit,
  50 cm lang (Vorderwand
  und Befestigungslatte)

breites Fichtenbrett, gehobelt,
  2 cm stark, 17 cm breit,
  25 cm lang (Dach)

ca. 30 verzinkte Drahtstifte mit
  Stauchkopf, 4,5 cm lang

ca. 12 Dachpappestifte

Dachpappe, 34 cm x 34 cm

Holzbohrer, ⌀ 2 mm

evtl. 4 Kreuzschlitzschrauben,
  ca. 5 cm lang

➔ **Vorlage Seite 122**

1 Zuerst sägst du das 45 cm lange Brett in drei 15 cm lange Teile (zwei Seitenwände und Rückwand). Von der Latte wird ein 19 cm langes Stück (Vorderseite) abgesägt, den Rest brauchst du für die Befestigung des Nistkastens. Die Sägeränder sind teilweise rau und faserig, deshalb musst du sie mit der Feile glätten.

Jetzt geht es an den Zusammenbau des Nistkastens. Du beginnst mit den drei 15 cm langen Teilen. Auf ein liegendes Brettteil stellst du das zweite Brettteil senkrecht und bündig, sodass ein rechter Winkel entsteht. Mit Bleistift ziehst du auf dem unteren Brett genau im Winkel eine Linie und nimmst dann das Brettteil wieder ab. Die Bleistiftlinie ist 2 cm vom Brettende entfernt.

2 In diesen 2 cm breiten Streifen werden nun drei Löcher gebohrt. In diese schlägst du nun jeweils einen Nagel so tief ein, dass auf der Rückseite die Nagelspitze noch nicht sichtbar ist. Das Vorbohren ist wichtig, damit das Holz nicht reißt, wenn du die Nägel so nahe am Rand einschlägst.

3 Stelle das zweite Brettteil senkrecht und darauf das Brettteil mit den halb eingeschlagenen Nägeln. Schlage dann die Nägel ein.

4 Auch auf das dritte Brettteil zeichnest du eine Bleistiftlinie, bohrst es dreimal an und schlägst drei Nägel halb ein. Dieses Brettteil nagelst du an den zuvor genagelten Brettwinkel, sodass ein umgekehrtes U entsteht.

5 Auf dieses Bretter-U legst du bündig zum Rand die Rückwand. Zeichne 1 cm vom Rand entfernt eine Bleistiftlinie. Auf dieser Bleistiftlinie müssen die Löcher für die Nägel gebohrt werden. Dann drehst du das Ganze um und nagelst die schmale Vorderwand an.

6 Das übrige Dachbrett legst du nun kopfüber auf den noch dachlosen Nistkasten. Achte darauf, dass es auf den Seiten den gleichen Abstand zum Rand hat und an der Rückseite bündig ist, also dass die Rückwand des Nistkastens mit dem Dach abschließt. Zeichne mit dem Bleistift den Umriss des aufliegenden Häuschens nach.

7 Nimm den Nistkasten ab und zeichne die Bohrlöcher in den 2 cm breiten Bleistiftstreifen des Dachs. Bohre dann die Löcher und schlage die Nägel halb ein. Stelle den Nistkasten auf den Tisch und lege das Dach so auf, dass die Nägel im Dach genau über den Nistkastenwänden sind. Nun werden die Nägel eingeschlagen.

8 Als Wetterschutz kannst du noch zusätzlich Dachpappe aufnageln. Schneide diese zuerst mit einem Teppichmesser (lass dir von einem Erwachsenen helfen) oder einer Schere zu. Vorsicht: Die Klingen werden dabei mit Teer verschmiert! An den Ecken wird jeweils ein Rechteck herausgeschnitten (siehe Vorlage). Lege dann den Nistkasten mit der Dachfläche auf die Dachpappe. Nun biegst du zuerst die beiden Seiten der Dachpappe um den Dachrand und nagelst sie dann mit Dachpappestiften an.
Den fertigen Nistkasten kannst du entweder in eine Mauernische stellen oder du schraubst auf der Rückseite die Befestigungslatte an. So kann der Nistkasten z. B. an einem Balken angeschraubt werden.

Für Vogelfreunde

Imbissbude

DAS BRAUCHST DU

➜ für die Imbissbude

leere Brathering-Büchse
(sind die größten), z. B.
20,5 cm x 8 cm

gehobeltes Fichtenbrett,
2 cm stark, z. B. 20 cm x 28 cm

verzinkter Draht, ø 1,6 mm,
3 x 45 cm lang

Nagel, 4 cm bis 5 cm lang

Brettstück

Holzbohrer, ø 3 mm

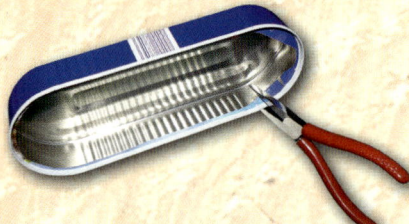

1 Zuerst drückst du die Ränder der ausgespülten Konservenbüchse mit einer Flachzange platt (zur Not kannst du hierzu auch eine Kombizange verwenden), damit keine Verletzungsgefahr besteht.

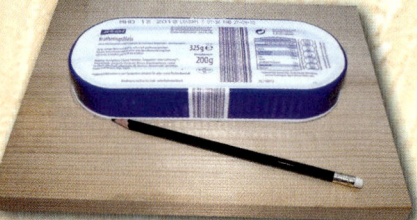

2 Lege dann die Büchse mit dem schmalen Seitenrand auf ein Brettstück und schlage mit dem Nagel und dem Hammer vier Löcher ein.
Nun legst du die Büchse auf das Dachbrett (dieses kann übrigens auch etwas schmäler oder länger sein als angegeben) und ziehst den Umriss mit Bleistift nach. Unterhalb der Büchse machst du mit dem Bleistift jeweils an den Stellen ein Kreuz, an welchen die vier Löcher in der Büchse sind.

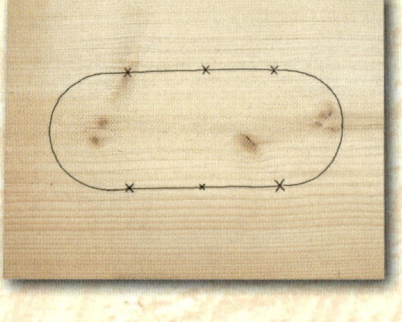

3 Dann kannst du die Büchse abnehmen und das Brett an den vier Kreuzen durchbohren. Zwischen den vier Löchern werden auf der Bleistiftlinie für die Aufhängung noch zwei Kreuze gezeichnet und dann die Löcher gebohrt.

4 Mit dem Seitenschneider zwickst du drei 45 cm lange Drahtstücke ab. Biege einen Draht 18 cm von einem Ende entfernt mit der Kombi- oder Flachzange rechtwinklig um. Dasselbe machst du auf der anderen Seite, sodass ein U entsteht. Biege die beiden anderen Drähte ebenso. Stecke dann die Enden eines Drahtes durch zwei Bohrlöcher im Brett. Mit dem zweiten Draht machst du dasselbe.

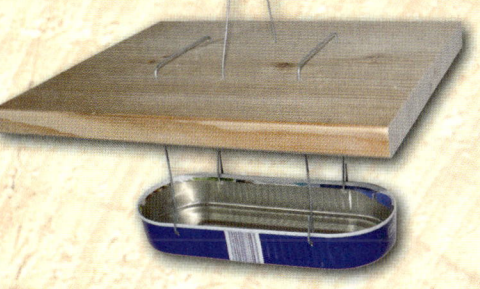

[5] Nun ist die Aufhängung an der Reihe. Dafür sind die beiden mittleren Löcher vorgesehen. Durch diese steckst du den dritten Draht von der anderen Seite durch das Brett (auf dem Foto ist der Draht für die Aufhängung wegen der Übersichtlichkeit noch nicht eingehängt). Nachträglich ist es schwierig, den dicken Draht von unten durch die Löcher im Brett zu stecken.

Biege mit der Zange die letzten 2 cm der vier Drahtenden rechtwinklig nach außen und stecke sie von innen durch die vier Löcher in der Büchse. Nun biegst du diese vier Drahtenden ganz um, das heißt, sie zeigen jetzt nach oben und die Büchse sitzt fest. Zum Schluss einfach die beiden Enden des Aufhängedrahtes umbiegen und ineinanderhängen.

FORSCHEN

Vogelbeobachtung

Du kannst in deinem Nistkasten mit etwas Glück Halbhöhlenbrüter wie Bachstelzen, Hausrotschwänze, Grauschnäpper und Rotkehlchen beobachten. Wenn natürliche Nischen und Spalten in Holz und Mauerwerk fehlen, brüten diese gerne in Halbhöhlen, wie der Nistkasten von Seite 40 eine ist. Trockenes Futter finden die Vögel in der Imbissbude. Reinige diese regelmäßig, damit die Vögel ihr Futter nicht einkoten können!

Für Insektenschützer

Insektenhotel

1 Zuerst wird der Rahmen gemacht. Dafür sägst du vom großen Brett jeweils zwei 40 cm und 30 cm lange Stücke ab (du kannst natürlich auch einen größeren oder kleineren Rahmen machen).

3 Stelle unter dieses Brett die beiden kurzen Bretter, damit das Ganze wie eine Brücke aussieht, und schlage die Nägel durch das obere Brett in das senkrechte Brett darunter.

DAS BRAUCHST DU

➜ **für das Insektenhotel**

gehobeltes Fichten- oder Tannenbrett, 2 cm stark, mind. 15 cm breit, 1,40 m lang (Rahmen)

weitere gehobelte Brettstücke (Rückseite und Dach)

verzinkte Nägel mit Stauchkopf, 2,2 mm x 45 mm

8 verzinkte Kreuzschlitzschrauben, 3,5 cm bis 4 cm lang

Kreuzschlitz-Schraubendreher

Holzbohrer, ø 2, 8 und 10 mm

Dachpappe

Dachpappestifte

Holzblöcke, z. B. 10 cm x 10 cm, 15 cm lang

Stroh

dünne Zweige

Schilfrohr etc.

evtl. Lehm

2 Auf die beiden langen Brettstücke zeichnest du jeweils 1 cm vom Brettende entfernt eine Bleistiftlinie. Nun bohrst du in diese Linie fünf Löcher (ø 2 mm). Dann schlägst du in die Bohrlöcher jeweils einen Nagel etwa 1 cm tief ein.

4 Nun drehst du das Ganze um und legst das restliche Brett auf. Schlage auch hier die Nägel ein und der Rahmen ist fertig.

Für Insektenschützer

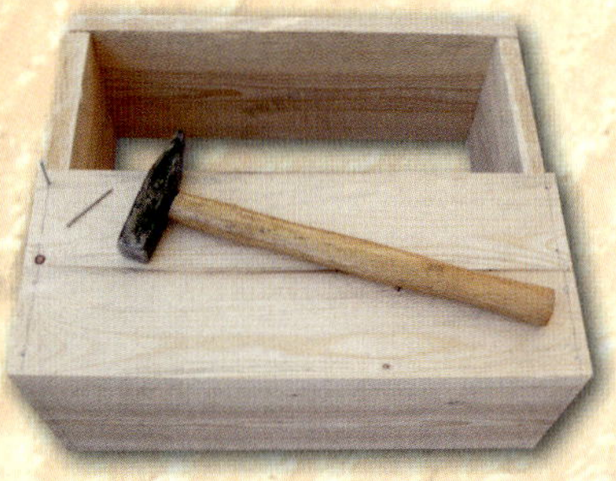

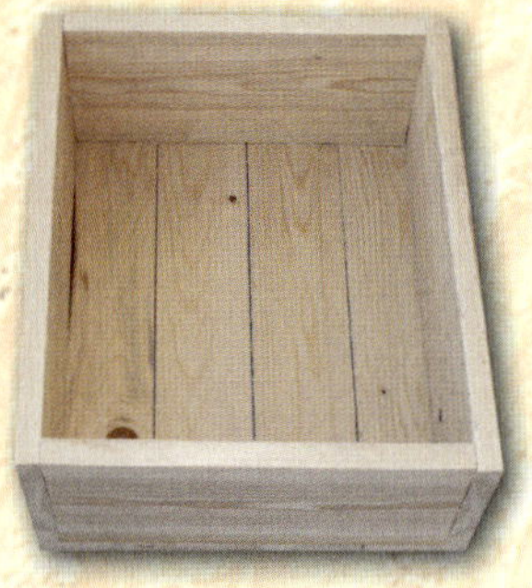

5 Jetzt musst du die Rückseite des Rahmens noch mit zurechtgesägten Brettern schließen. Diese kannst du senkrecht oder waagrecht annageln. Achte darauf, dass die Bretter oben bündig mit dem Rahmen abschließen, weil später noch ein oder zwei Bretter als Dach aufgenagelt werden. Unten können die Bretterenden auch etwas überstehen.

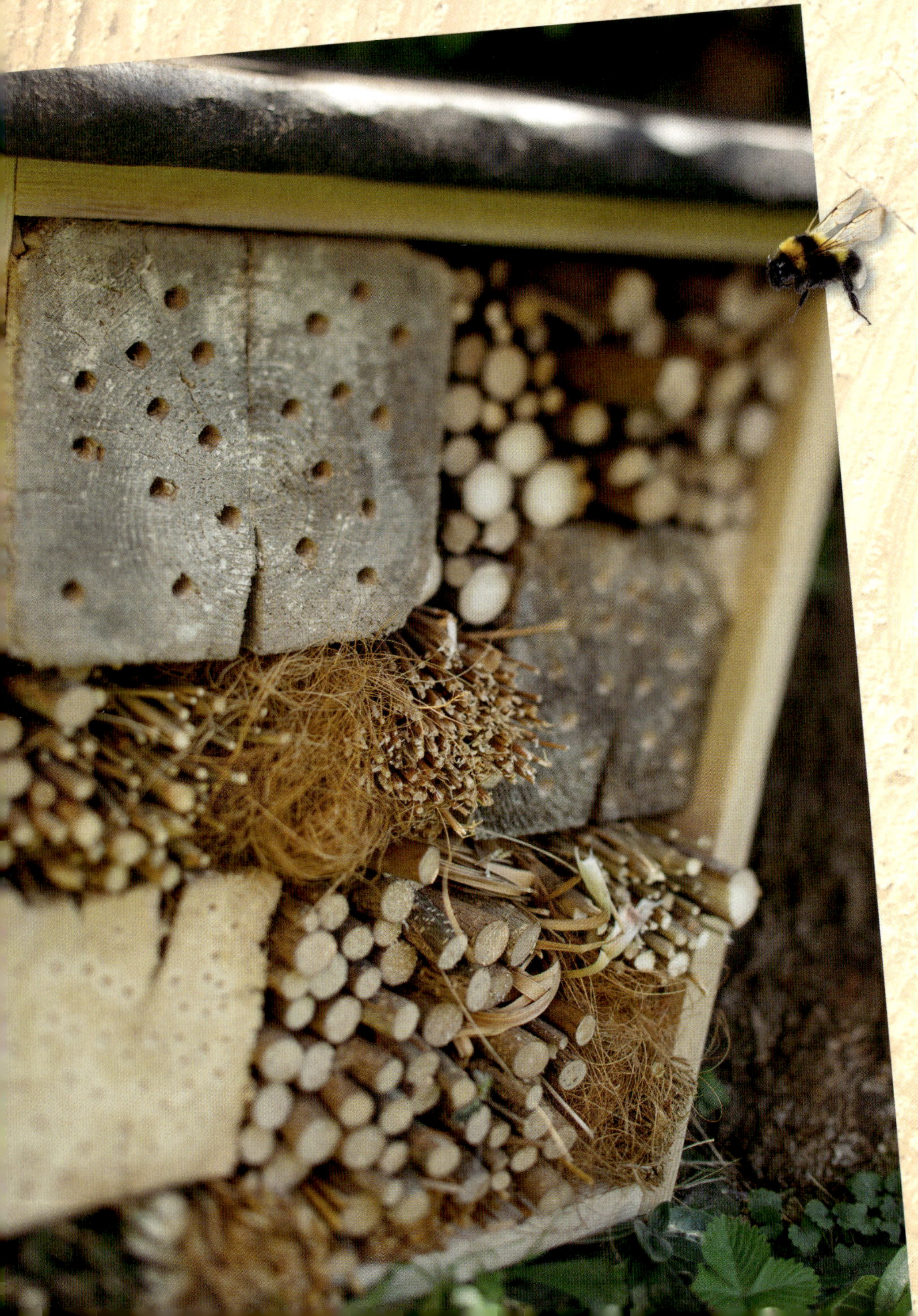

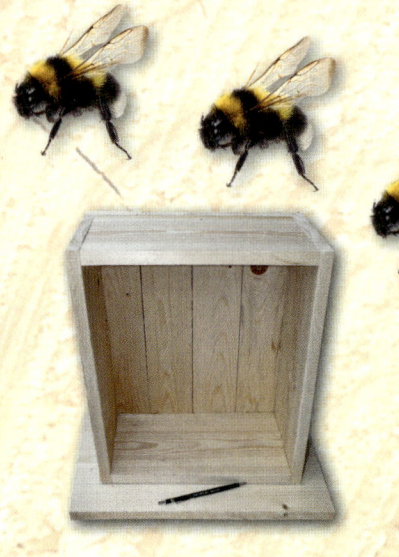

6 Jetzt ist das Dach an der Reihe. Als Wetterschutz sollte es mehrere Zentimeter überstehen. Deshalb sägst du noch ein sehr breites Brett oder zwei schmalere Bretter zurecht. Stelle dann den Rahmen auf das Dachbrett und zeichne den Umriss mit Bleistift nach.

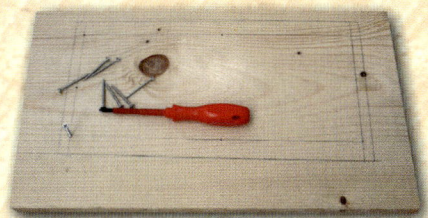

7 Nimm den Rahmen ab und bohre innerhalb des Bleistiftrechtecks die Löcher. Innerhalb der beiden Bleistiftlinien auf der linken und rechten Seite zeichnest du nach 1 cm eine zweite Bleistiftlinie. Wenn du jetzt auf dieser Linie Löcher bohrst und Nägel einschlägst, bohren sich diese genau in die beiden senkrechten Bretter des Rahmens. Zusätzlich werden noch zwei

Löcher etwa in Dachmitte gebohrt. Das Dach wird mit Kreuzschlitzschrauben befestigt.

Um dein Hotel wetterfest zu machen, kannst du das Dach noch mit passend zurechtgeschnittener Dachpappe bedecken. Diese wird mit speziellen Dachpappstiften befestigt. Nun musst du dein Insektenhotel noch einrichten. Zuerst bohrst du Löcher mit verschie-

denen Durchmessern (3 mm bis 10 mm) in den Holzblock. Die Löcher sollen so tief wie möglich sein, jedoch den Holzblock nicht ganz durchbohren. Achte auch darauf, dass du in Richtung der Holzfasern und nicht quer dazu bohrst. Diese Holzblöcke werden nun mit den Bohrlöchern nach vorne am Rahmen angenagelt oder angeschraubt. Die noch freien Flächen füllst du mit Stroh, Holzwolle, Zweigstücken, Schilfrohr, Baumrinde, Bambusstücken, Reisig oder ähnlichem. Wenn du alles perfekt machen willst, dann bringst du zum Schluss vorne noch Maschendraht an. Dadurch verhinderst du, dass die nicht befestigten Teile herausfallen oder die Insekten von Vögeln herausgepickt werden.

FORSCHEN

Sonniges Plätzchen

In deinem Insektenhotel kannst du die verschiedensten Insekten beobachten. Stelle das Insektenhotel nach Süden ausgerichtet auf. Es kann entweder an einem oder zwei Pfosten befestigt werden, an der Haus- oder Schuppenwand angebracht oder auch einfach an einem sonnigen Platz an eine Wand oder Mauer gelehnt werden.

Villa für Ohrwürmer

DAS BRAUCHST DU

➔ **für die Villa**

Ton-Blumentopf, Höhe und Durchmesser ca. 10 cm

Zweigstück, ø 1 cm bis 1,5 cm, 5 cm bis 8 cm lang

verzinkter Draht oder Aludraht, ø ca. 1 mm, ca. 50 cm lang

Brettstück

1 Schneide mit dem Messer um die Mitte des Zweiges eine Kerbe und schlinge ein Drahtende an dieser Kerbe um den Zweig. Das andere Drahtende ziehst du von unten durch die Öffnung des Blumentopfs. Bevor du den Draht richtig anziehst, füllst du den Blumentopf mit Holzwolle oder Stroh (zur Not kannst du auch grobes Heu nehmen, also dickere Grashalme, Blumenstängel und Blätter). Und schon ist die Villa für Ohrwürmer fertig!

2 Das Ohrwurmhaus hängst du mit der großen Öffnung nach unten möglichst so in einen Baum, dass es am Stamm anliegt und die Ohrwürmer leicht ins Innere krabbeln können.

FORSCHEN

Nützliche Insekten

Ohrwürmer sind sehr nützlich, denn sie fressen gerne Blattläuse. Du kannst sie in der Villa gut beobachten, denn bei schlechtem Wetter und über Nacht ziehen sie sich gerne darin zurück. Bitte deine Eltern außerdem darum, den Garten nicht im Herbst, sondern erst im Frühling aufzuräumen, weil viele nützliche Insekten gerne in Laubhaufen oder abgestorbenen Blüten überwintern.

Knorrige Baumstamm-Trolle

DAS BRAUCHST DU

➜ für die Trolle

Baumstamm- oder dicke Aststücke, ø 10 cm bis 20 cm, 30 bis 50 cm lang

Zweigstück, ø 2 cm bis 3 cm (als Nase)

Moos oder Flechten

Acrylfarbe in Schwarz

Nägel, 4 cm bis 5 cm lang

Holzbohrer, ø 3 mm

1 Die Stammstücke kannst du nicht selbst zusägen. Aber vielleicht heizen deine Eltern oder Nachbarn mit Holz und sägen dieses selbst oder lassen es sägen. Frage einfach, ob du dir ein Stammstück aussuchen darfst. Das Holz sollte noch nicht zu sehr durchgetrocknet sein, weil sich dann die Rinde leichter abschälen lässt. Wo Holz gesägt wird, fallen auch dünnere Stammscheiben, Holzkeile und kurze, halbierte Stammstücke ab, die du als Kopfbedeckung für deinen Troll verwenden kannst.

2 Vom ausgewählten Aststück ist das Ende unten, das den besseren Stand hat. Nun schälst du am anderen Ende mit dem Messer die Rinde für das Gesicht ab.

Vom Aststück schneidest oder sägst du ein 3 cm bis 4 cm langes Stück als Nase ab und entfernst die Rinde. Viele Zweige haben in der Mitte eine weiche Markschicht, sodass du das Aststück bzw. die Nase nicht durchbohren musst. Stecke den Nagel in die Markschicht, halte die Nase an die gewünschte Stelle auf dem Stamm und schlage dann den Nagel ein. Jetzt malst du die Augen auf.

3 Die Holzscheibe oder den Keil für die Kopfbedeckung musst du ein- oder zweimal durchbohren, dann kannst du die Nägel durchstecken und auf den Trollkopf nageln. Abschließend klebst du noch Moos oder Flechten als Haare und Bart an. Wenn du weder das eine noch das andere hast, kannst du auch Langhaarplüsch, Wolle oder Flachs nehmen. Auf diese Art kannst du dir eine ganze Trollfamilie gestalten und mit dieser euren Garten schmücken.

Die Naturrocker

Saiteninstrumente

1 Reinige die Flasche gründlich und entferne das Etikett. Dann kannst du mit einem spitzen Messer an zwei gegenüberliegenden Stellen die Seitenwand kreuzförmig einstechen und einschneiden. Das geht ziemlich leicht, denn die Flaschenwände sind dünn und lassen sich leicht durchstechen. Schwieriger ist das Instrument mit der blauen Flasche, denn hier muss der dicke Flaschenboden mit der Bohrmaschine durchbohrt werden. Hierbei bittest du einen Erwachsenen um Hilfe.

2 Die Hasel- oder Weidenrute steckst du dann durch die beiden Löcher in der Flaschenwand bzw. durch das Loch im Boden und die Öffnung oben. Die Rute hat in der Mitte eine weiche Masse, das Mark. In das Mark an den Rutenenden schlägst du jeweils einen Nagel so weit ein, dass nur noch ca. 1 cm sichtbar ist.

3 An ein Ende des Bindfadens bindest du eine stabile Öse, diese wird an einem Nagel eingehängt. Nun kannst du den Faden zum zweiten Nagel spannen und dabei die Haselrute zu einem leichten Bogen biegen. Schlinge den Bindfaden mehrfach um den Nagel und verknote ihn dann sorgfältig. Jetzt musst du die Flasche nur noch so verschieben, dass der Bindfaden sie leicht berührt und schon kannst du dein Instrument durch Zupfen am Bindfaden zum Klingen bringen.

Die Naturrocker

Holunderpfeife

2 Die fast weiße Markschicht liegt als weicher, biegbarer Strang neben dem Holunderzweigstück.

3 Nun machst du 2 cm von einem Ende entfernt einen senkrechten Einschnitt fast bis zur Zweigmitte. 4 cm vom Ende entfernt setzt du das Messer an und machst einen schrägen Schnitt bis zum senkrechten Einschnitt. Jetzt schneidest du vom Markstrang ein 2 cm langes Stück ab. Von diesem kurzen Markstück wird dann noch etwa ein Drittel der Länge nach abgeschnitten.

4 Von diesen beiden kurzen Markstücken steckst du das größere mit der planen Fläche nach oben in das Mundstück. Halte die Öffnung am anderen Ende der Pfeife zu und blase dann ins Mundstück. Wenn noch kein Ton ertönt, steckst du auf der anderen Seite den Rundholzstab in die Öffnung, schiebst das Markstück heraus, schneidest evtl. noch einen schmalen Streifen ab und schiebst es erneut in die Pfeife. Das lange Markstück steckst du auf der anderen Seite 2 bis 3 cm tief in die Pfeife. Es bleibt noch das schmale, 2 cm lange Markstück übrig.

5 Schneide das überstehende Markstück ab und die Pfeife ist fertig. Die abgebildeten Pfeifen sind 7 cm, 8 cm und 10 cm lang.

1 Typisch für einen Holunderzweig ist die dicke Markschicht in der Zweigmitte, die bei einem Zweigdurchmesser von 1,5 cm mindestens 6 mm oder dicker ist. Diese Markschicht lässt sich mit dem etwas dünneren Rundholzstab herausdrücken. Wenn du keinen passenden Rundholzstab zur Hand hast, kannst du dazu auch eine Weiden- oder Haselnussrute nehmen. Diese Rute wird geschält und darf natürlich nicht dicker als 5 mm sein.

Mein Tipp für dich
Wichtig: Mit der Zeit trocknet die Pfeife aus und das Holz zieht sich zusammen, während die Markschicht unverändert bleibt. Dadurch verschließt sich die Einblasöffnung und die Pfeife funktioniert nicht mehr.

Weidenflöte

DAS BRAUCHST DU

➡ **für die Weidenflöte**

frisch geschnittene
Weidenrute, ø ca. 1 cm,
10 bis 15 cm lang

2 Von der rechten Hälfte soll anschließend die Rinde wie eine Röhre abgezogen werden. Damit dies klappt, klopfst du mit dem Messergriff ringsum auf die Rinde, damit sie sich lockert. Dabei musst du aufpassen, dass du die Rinde nicht verletzt. Nun nimmst du die linke Hälfte in die linke Hand und die rechte Hälfte in die rechte Hand und verdrehst beide Hälften gegeneinander. Dadurch löst sich die Rinde und kann abgezogen werden. Schneide nun auf der rechten Seite das 2 cm breite Anfangsstück komplett ab.

3 Von diesem 2 cm langen Stück schneidest du als Mundstück längs einen schmalen Streifen ab. Stecke dann das Mundstück in die abgezogene Rindenröhre. Ins andere Röhrenende steckst du die Weidenrute 1 cm bis 2 cm tief ein. Wenn die Pfeife jetzt noch nicht funktioniert, holst du das 2 cm lange Mundstück wieder aus der Pfeife und schneidest nochmals einen schmalen Streifen ab.

1 Schneide die Rinde der ganz frisch geschnittenen Rute in der Mitte rundum ein, denn sie wird später abgezogen. 2 cm vom rechten Ende entfernt machst du einen senkrechten Einschnitt und dann einen weiteren, aber schrägen Schnitt von links.

Die Naturrocker

Astrassel

➜ **für die Astrassel**

Zweiggabel

ca. 20 Kronkorken

dünner Draht, ø 0,6 mm bis 0,8 mm, 20 bis 30 cm lang

Nagel, 4 cm bis 5 cm lang

Brett als Unterlage

[1] Schneide oder säge von einem Zweig eine Zweiggabel so ab, dass der „Griff" mindestens 10 cm lang ist. Die beiden Gabelenden sind ebenfalls mindesten 10 cm lang.

[2] Zuerst müssen die Kronkorken gelocht werden. Dazu legst du sie mit der gewölbten Seite auf ein Brett und schlägst einen Nagel in die Mitte des Korkens. Dabei darfst du nur so stark zuschlagen, dass der Kronkorken gelocht und die Nagelspitze so tief im Holz ist, dass sie sich durch Hin- und Herwackeln des Nagels wieder problemlos herausziehen lässt. Ansonsten musst du eine Beißzange zur Hilfe nehmen.

[3] Binde dann ein Drahtende an einer Gabelseite an, fädle die Kronkorken auf und binde den gespannten Draht auf der anderen Gabelseite an. Dabei solltest du darauf achten, dass die Korken genügend Platz haben um hin und her zu rutschen und dabei gut zu rasseln! Wenn die Gabel groß genug ist, kannst du noch einen zweiten Draht mit Kronkorken anbringen.

EXPERIMENTIEREN

Noch mehr Musik

Neben Naturmaterialien lässt sich auch mit Gläsern Musik machen. Alles, was du dafür brauchst, sind mehrere dünnwandige Gläser, die du unterschiedlich hoch mit Wasser füllst. Wenn du jetzt mit einem angefeuchteten Finger über den Glasrand streichst, fängt das Glas durch die Schwingungen an zu klingen. Übrigens: Je mehr Wasser im Glas ist, desto tiefer ist der Ton, weil das Glas dann langsamer schwingt.

Bunte Recycling-Rasseln

1 Bevor du mit Basteln loslegst, musst du die Büchsen, Flaschen oder Becher gründlich reinigen und abtrocknen.

3 Als Füllung eignen sich allerlei kleine Dinge, die in den Gefäßen ordentlich Lärm machen. Probier einfach aus, welcher Klang dir am besten gefällt. Es macht nämlich einen großen Unterschied, ob du beispielsweise in eine Blechbüchse eine Füllung aus Metall, Holz, Plastik, Steinchen oder Sand gibst.
Am besten und lautesten klingen die Rasseln, wenn du sie nur zu einem Viertel füllst.

2 Nun kannst du die Gefäße entweder bemalen, mit Papierstreifen oder ausgestanzten Sternchen, mit Glitzer, Pailletten, Fußballstickern etc. bekleben. Hier kannst du deiner Fantasie freien Lauf lassen und experimentieren.

4 Wenn die Gefäße verziert und gefüllt sind, werden sie entweder mit Filz oder Folie bedeckt und dann mit einer Kordel, Bindfaden etc. abgebunden.

Spiel und Spaß

Spieleklassiker wie Mühle und Dame oder verschiedene Geschicklichkeitsspiele bringen besonders viel Spaß, wenn sie selbstgemacht sind. Noch mehr Action kommt auf, wenn du zusammen mit deinen Kumpels werkelst und ihr dann mit euren Meisterstücken spielt oder gegeneinander antretet.

Spieleklassiker
Puzzles mit Tieren

DAS BRAUCHST DU

➔ **für die Puzzles**

Pappelsperrholzplatte,
   4 mm oder 6 mm stark,
   22 cm x 19 cm (Elefant),
   25,5 cm x 16,5 cm (Nashorn),
   25 cm x 15 cm (Stegosaurus)

Kohlepapier

**leergeschriebener Kugel-
schreiber**

Brennstab

➔ **Vorlage Seite 123–125**

Vorlage Seite 123–125

1 Da für die Puzzles gerade Kanten sehr wichtig sind, lässt du dir die Sperrholzplatte am besten im Baumarkt oder von Mama oder Papa zusägen. Dann kopierst du die Vorlage, schneidest die Kopie aus, legst sie auf die Sperrholzplatte und befestigst sie nur an der Oberseite mit Klebeband an der Sperrholzplatte.

3 Hebe dann die Vorlage und das Kohlepapier etwas an und kontrolliere, ob du alle Linien nachgezogen hast. Wenn nicht, musst du die entsprechenden Stellen nochmals nachziehen. Anschließend kannst du beides abnehmen.

2 Damit du die Vorlage auf das Holz übertragen kannst, hebst du sie an und schiebst das Kohlepapier mit der schwarzen Seite nach unten unter die Vorlage. Dann kannst du die Linien mit dem leergeschriebenen Kugelschreiber nachziehen.

4 Nun kannst du alle Linien mit dem Brennstab nachziehen (siehe auch Seite 10).

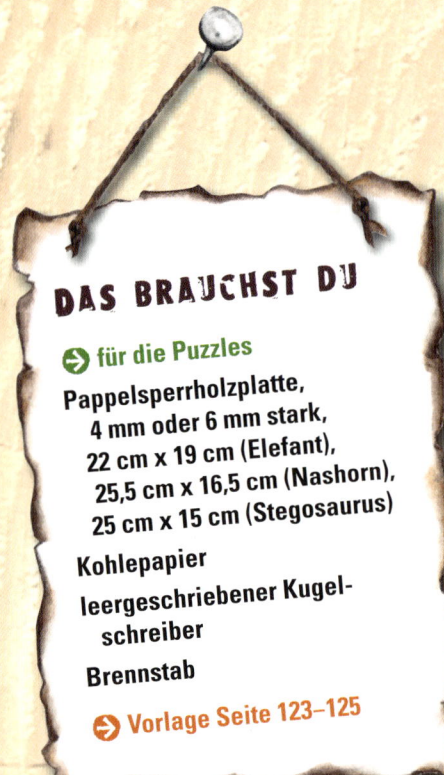

5 Jetzt drehst du das Bild um, befestigst die Vorlage wieder und schiebst das Kohlepapier darunter. Mit Lineal und dem leergeschriebenen Kugelschreiber ziehst du die senkrechten und waagrechten Linien nach. Nimm Vorlage und Kohlepapier ab – die Rückseite hat nun ein Gittermuster.

6 Diese Gitterlinien sägst du nun nach. Zum Schluss werden noch die Ränder mit Schleifpapier geglättet, dann ist das Puzzle fertig.

Mein Tipp für dich
Wenn du magst, kannst du dein Tier vor dem Aussägen auch noch bunt bemalen.

Spieleklassiker

Mühle und Dame

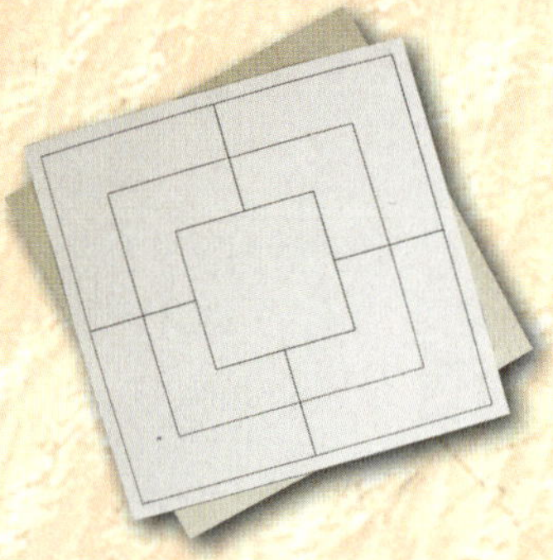

1 Das Aussägen der langen, geraden Seiten ist ziemlich schwierig. Deshalb lässt du dir die Sperrholzplatte am besten von einem Erwachsenen oder im Baumarkt zusägen. Wenn du es selber machen willst, kopierst du die Vorlage des Spielbretts zweimal. Eine Vorlage klebst du auf einen Karton und schneidest sie aus. Dieses Kartonquadrat ist deine Schablone. Diese Schablone legst du auf das Sperrholz, und zwar am besten so an den Rand, dass du zwei Seiten gar nicht aufzeichnen und auch nicht mehr aussägen musst. Säge die beiden anderen Seiten aus. Falls du etwas unsauber gesägt hast, kannst du dies mit der Feile ausgleichen. Anschließend glättest du den Rand mit dem Schleifpapier. Wenn es besonders schnell und einfach gehen soll: Du kannst den Karton mit der aufgeklebten Vorlage auch als Spielbrett verwenden.

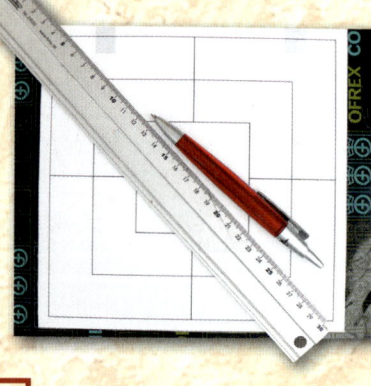

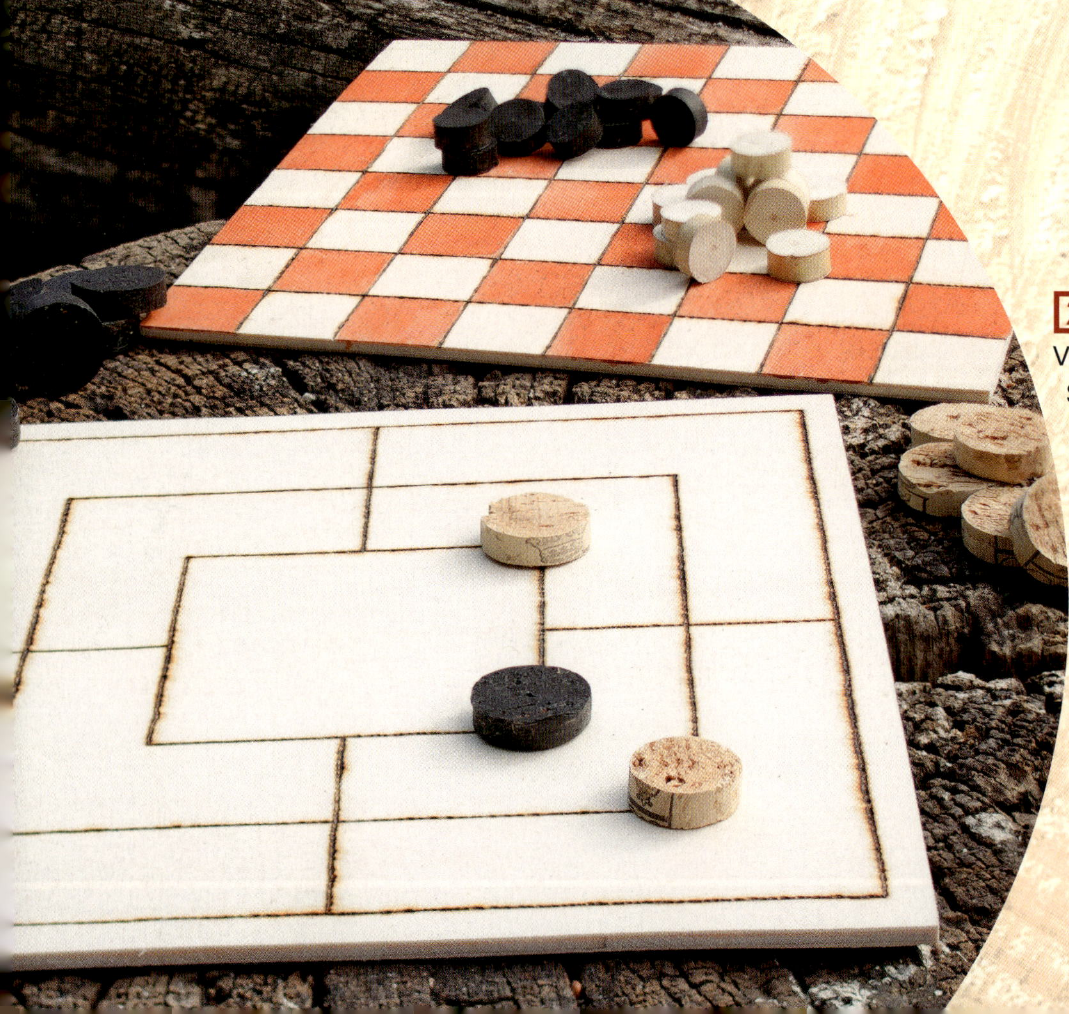

2 Nun legst du die zweite Vorlage ganz genau auf das Sperrholzquadrat und klebst sie am oberen Rand zweimal mit Klebefilm fest. Hebe die Vorlage etwas an und schiebe das Kohlepapier mit der beschichteten Seite nach unten unter die Vorlage. Mit dem Lineal und einem leergeschriebenen

Spiel und Spaß

Kugelschreiber werden nun die Linien nachgezogen. Hebe zur Kontrolle die Vorlage und das Kohlepapier an und kontrolliere, dass du auch keine Linie vergessen hast.

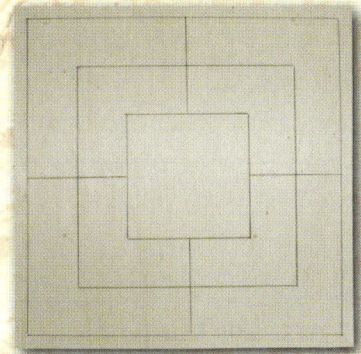

3 Nimm die Vorlage und das Kohlepapier ab. Solltest du eine Linie zu lang gezogen haben, lässt sie sich nicht ausradieren. Stattdessen nimmst du etwas Schleifpapier und schleifst die Linie ab.

4 Um die Linien deutlicher zu machen, hast du zwei Möglichkeiten: Entweder du ziehst sie mit einem dicken Buntstift nach oder du brennst sie mit einem Brennstab ein (siehe Seite 10). Einen Filzstift kannst du dafür nicht nehmen, denn die Farbe zerfließt sofort auf dem Sperrholz. Beim gezeigten Spielbrett sind die Linien eingebrannt.

5 Beim Dame- oder Schachspielbrett ist es notwendig, dass du die Linien einbrennst. Denn hier muss noch jedes zweite Feld farbig ausgemalt werden. Durch die eingebrannten tieferen Linien ist es außerdem einfacher, die Felder auszumalen. Wenn du die Farben etwas transparent haben möchtest, machst du einfach einen Farbklecks in einen Schraubdeckel und gibst etwas Wasser dazu. Verrühre die Farbe im Wasser und trage etwas Farbe auf einen Sperrholzrest auf. Evtl. musst du noch etwas Farbe oder Wasser zugeben. Dann kannst du die Flächen ausmalen.

Mein Tipp für dich
Für die Spielsteine schneidest du einfach von Weinflaschenkorken 24 1 cm breite Scheiben ab. Zwölf Spielsteine lässt du so, wie sie sind, und die anderen malst du schwarz an.

63

Magisches Labyrinth

DAS BRAUCHST DU

→ für das Labyrinth

Sperrholzplatte, 6 mm stark,
23 cm x 14,5 cm oder
24 cm x 12 cm

5 bzw. 6 Vierkantleisten,
8 mm x 8 mm, mindestens
25 cm lang

Express-Holzleim

Acrylfarbe in Rot und Grün

Filzstifte oder Lackstifte in
Schwarz, Gelb, Rot und/oder
Weiß

Glasmurmeln, Holzkugeln
oder -perlen, ø 1 cm

→ Vorlage Seite 128

1 Die Sperrholzplatte lässt du dir am besten im Baumarkt oder von einem Erwachsenen zusägen, damit die Kanten schön gerade werden. Nun sägst du die Holzleisten auf die richtige Länge und legst sie dann gemäß der Skizze auf die Sperrholzplatte. Wenn du magst, kannst du natürlich auch dein eigenes Labyrinth gestalten. Die Sägekanten der Sperrholzplatte und der Holzleisten müssen noch mit Schleifpapier geglättet werden. Dann kannst du die Sperrholzplatte und die Holzleisten mit dem Schwämmchen oder dem Pinsel anmalen.

2 Wenn alles gut getrocknet ist, werden zuerst die äußersten Leisten angeleimt.

3 Wenn der Leim angetrocknet ist (das dauert beim Express-Leim nur wenige Minuten), legst du die restlichen Teile des Labyrinths auf. Damit du nicht den Überblick verlierst, nimmst du immer nur ein Teil ab, trägst auf die Unterseite Leim auf und drückst es an der Stelle, an der du es abgenommen hast, fest an. So werden alle Teile einzeln abgenommen, angeleimt und angedrückt.

4 Wenn alle Teile angeleimt sind und der Leim trocken ist, kannst du noch mit dem Filz- oder Lackstift Verzierungen und Muster aufmalen. Nun kannst du mit kleinen Glasmurmeln oder Holzperlen deine Geschicklichkeit trainieren.

Spieleklassiker

Kugelfangspiel

1 Kopiere zuerst die Vorlage, schneide sie grob aus, klebe sie auf einen Kartonrest und schneide dann deine Schablone aus. Vergiss nicht, auch die runde Innenfläche herauszuschneiden. Das Bohrloch stanzt du entweder mit der Lochzange aus oder du stichst es mit der Vorstechnadel. Die Schablone legst du auf das Sperrholz und zeichnest den Umriss und die runde Innenfläche mit Bleistift nach. Denke auch an das Bohrloch.

2 Zuerst sägst du den Umriss aus. Nun bohrst du das Loch, an dem später der Zwirn angebunden wird. Damit du die runde Innenfläche heraussägen kannst, musst du hier zuerst ein Loch bohren. Das Loch sollte nicht direkt an der Bleistiftlinie liegen, sondern mindestens 5 mm daneben, weil das Bohrloch auf der Rückseite manchmal ausfranst.

3 Löse nun das Sägeblättchen auf einer Seite der Laubsäge, stecke es durch das Bohrloch und befestige es wieder an der Säge. Jetzt kannst du die Innenfläche heraussägen. Löse das Sägeblättchen wieder, ziehe es aus der Öffnung und befestige es erneut an der Säge.

4 Sind die Ränder des fertig ausgesägten Fangspiels nicht ganz gerade, werden sie mit der Feile korrigiert. Dann glättest du sie mit dem Schleifpapier.

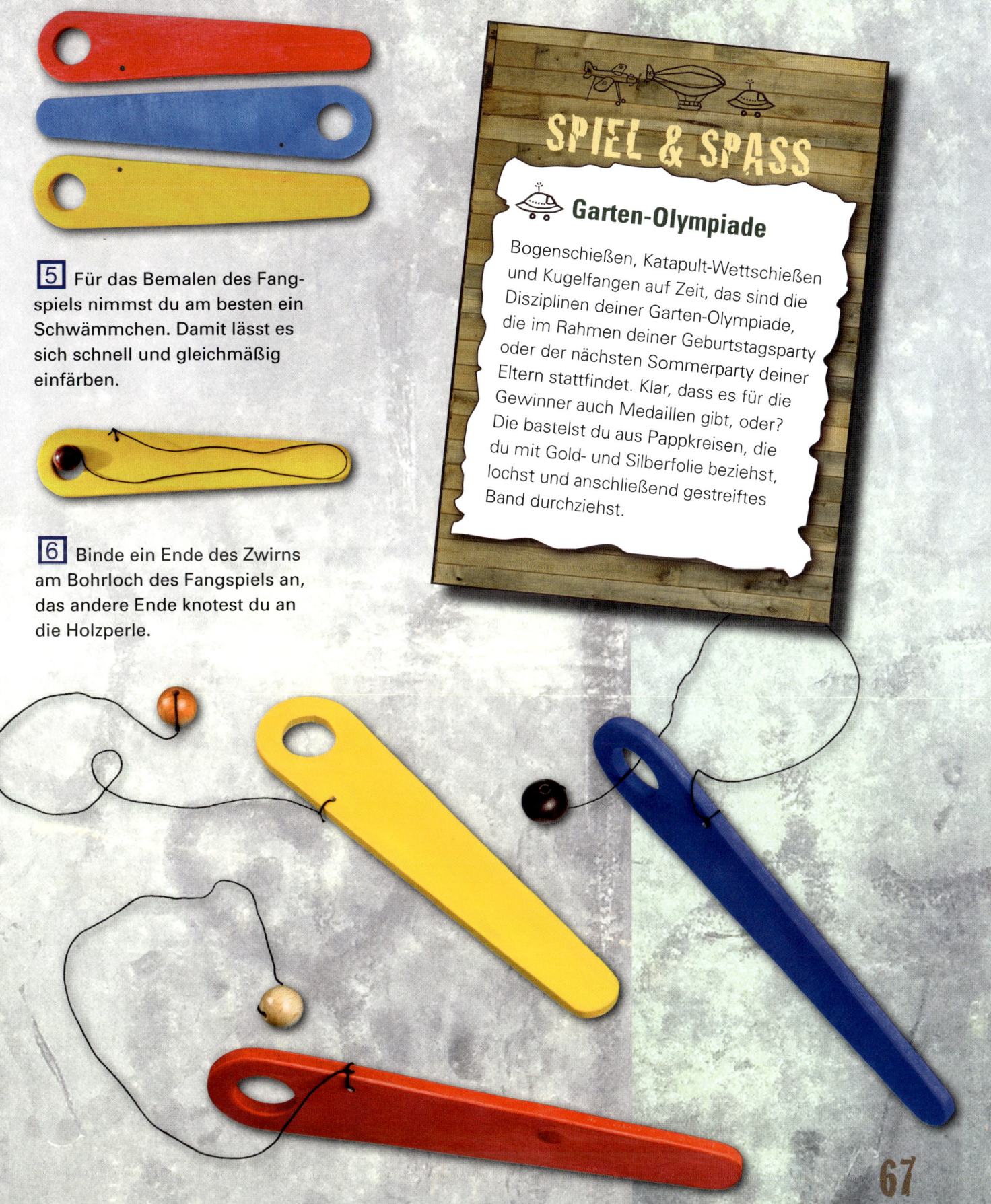

5 Für das Bemalen des Fangspiels nimmst du am besten ein Schwämmchen. Damit lässt es sich schnell und gleichmäßig einfärben.

6 Binde ein Ende des Zwirns am Bohrloch des Fangspiels an, das andere Ende knotest du an die Holzperle.

SPIEL & SPASS

Garten-Olympiade

Bogenschießen, Katapult-Wettschießen und Kugelfangen auf Zeit, das sind die Disziplinen deiner Garten-Olympiade, die im Rahmen deiner Geburtstagsparty oder der nächsten Sommerparty deiner Eltern stattfindet. Klar, dass es für die Gewinner auch Medaillen gibt, oder? Die bastelst du aus Pappkreisen, die du mit Gold- und Silberfolie beziehst, lochst und anschließend gestreiftes Band durchziehst.

Blitzschnelle Flugsaurier

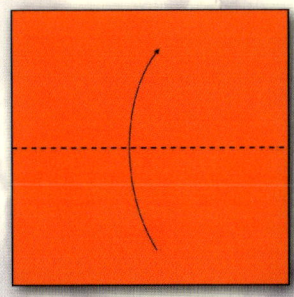

1 Falte das Papier genau in der Mitte.

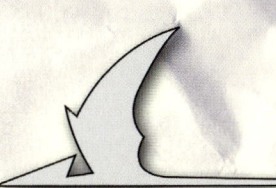

2 Fertige eine Schablone des Sauriers an und lege diese so auf das gefaltete Papier, dass die gerade Unterseite des Flugsauriers genau auf der Faltlinie des Papiers liegt.

3 Zeichne den Umriss der Schablone mit dem Bleistift nach.

4 Nun kannst du deinen Flugsaurier ausschneiden und ihn, wenn du magst, auch noch bemalen.

5 Falte die Flügel an der gestrichelten Linie nach unten. Die Flügel sollten etwa waagrecht seitlich abstehen. Der schmale Schwanz sollte, wenn du ihn in den Trinkhalm steckst, nach allen Seiten genügend Platz haben, damit er sich leicht herausblasen lässt.

DAS BRAUCHST DU

➲ **für den Flugsaurier**
Tonpapier in beliebigen Farben, 15 cm x 15 cm
Trinkhalm, ø 5 mm, 21 cm lang
Kartonrest

➲ **Vorlage Seite 129**

Es geht rund

Wirbelnde Kreisel

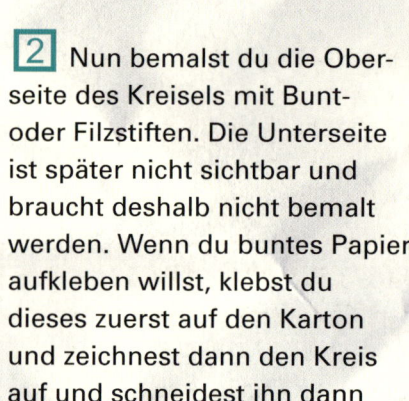

DAS BRAUCHST DU

➜ **für die Kreisel**

Fotokarton in Weiß oder Bunt,
9 cm x 9 cm

Rundholzstäbchen, einseitig
angespitzt, ø 3 mm oder 4 mm,
10 cm lang

Holzperle, ø 1,2 cm oder 1,5 cm

evtl. gemustertes Papier

Zirkel

➜ **Vorlage Seite 128**

1 Für die runden Kreisel zeichnest du mit dem Zirkel auf den Karton einen Kreis mit dem Radius 4 cm (der Radius ist der Abstand von der Zirkelspitze zur Bleistiftmine). Schneide die Kartonscheibe mit der Schere aus. Nun stichst du am besten nochmals mit der Zirkelspitze in das kleine Loch in der Kreismitte und erweiterst es ein wenig, damit du später das Holzstäbchen leichter durchstecken kannst.

2 Nun bemalst du die Oberseite des Kreisels mit Bunt- oder Filzstiften. Die Unterseite ist später nicht sichtbar und braucht deshalb nicht bemalt werden. Wenn du buntes Papier aufkleben willst, klebst du dieses zuerst auf den Karton und zeichnest dann den Kreis auf und schneidest ihn dann aus.

SPIEL & SPASS

Kreisel-Spiele

Wessen Kreisel dreht sich am längsten? Mache mit deinem Freund ein Wett-Kreiseln! Oder ihr malt mit Kreide einen Kreis auf eine ebene Fläche und setzt eure drehenden Kreisel gleichzeitig hinein. Welcher Kreisel schafft es, die anderen aus dem Feld zu schubsen?

3 Jetzt wird das Holzstäbchen mit der Spitze voran in das Loch in der Kartonscheibe gesteckt. Wenn du kein angespitztes Rundholzstäbchen hast, kannst du das Stäbchen mit einem Bleistiftanspitzer anspitzen. Die beste Länge für das Kreiselstäbchen ist 8 cm bis 10 cm. Ist das Stäbchen zu lang, kannst du es entweder mit einer kleinen Säge absägen oder du nimmst einen Seitenschneider. Damit die Kartonscheibe nicht so stark wackelt und der Kreisel unten schwerer ist und sich deshalb besser dreht, wird noch eine Holzperle aufgesteckt. Ist das Loch in der Perle zu klein, musst du es mit dem Bohrer oder mit einem kleinen Schraubendreher etwas erweitern. Wenn das Loch zu groß ist, füllst du entweder etwas Klebstoff in das Loch oder du umwickelst das Stäbchen unten mit einem schmalen Papierstreifen und steckst dann die Perle auf.

4 Die Würfel- und Ratekreisel haben anstelle einer runden eine sechseckige Kartonscheibe. Für diese musst du zuerst eine Schablone anfertigen und auch den Mittelpunkt einzeichnen. Lege die Schablone auf den Karton und zeichne den Umriss mit einem Bleistift nach. Bevor du die Schablone abnimmst, musst du durch den Mittelpunkt der Schablone entweder mit dem Zirkel oder einer Nadel in den darunter liegenden Karton stechen. Nun schneidest du die Sechseckscheibe aus. Anschließend kannst du die gegenüberliegenden Ecken mit Linien verbinden. Schreibe in jeden der sechs Abschnitte entweder die Zahlen von eins bis sechs oder Stadt, Land, Fluss oder andere Rätsel oder Scherzaufgaben.

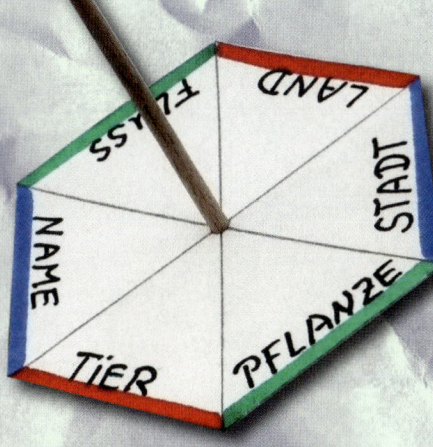

Es geht rund

DAS BRAUCHST DU

→ **für das Wasserrad**

Weinflaschenkorken
Joghurtbecher
2 Nägel, z. B. 10 cm lang
2 Astgabeln
Bohrer, ø 3 mm

Flinkes Wasserrad

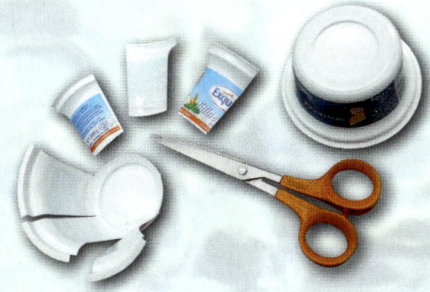

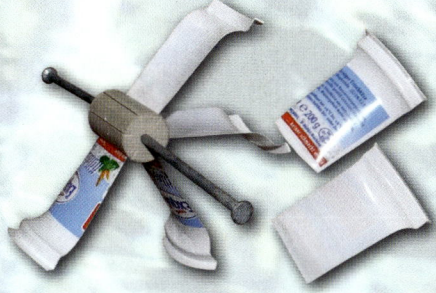

[1] Teile den oberen Rand des Joghurtbechers entweder in vier oder sechs gleich große Abschnitte ein, indem du mit Filzstift kleine Markierungen aufzeichnest. Schneide mit der Schere den Becher von den Randmarkierungen bis zum Boden ein, dann kannst du den Boden abschneiden. Du hast nun vier oder sechs Schaufeln für das Wasserrad.

[2] Bohre anschließend den Korken von beiden Seiten an und stecke jeweils einen Nagel in die Bohrlöcher. Mit dem Messer schneidest du nun den Korken an der Seite vier bzw. sechs Mal etwa 5 mm tief ein. In diese Schlitze werden die Schaufeln probeweise gesteckt. Sind die Schnitte tief genug und passt auch der Winkel, werden die Schaufeln eingeklebt.

[3] Damit sich das Wasserrad drehen kann, brauchst du noch zwei passende Astgabeln, die ins Bachbett gesteckt werden. Lege nun das Wasserrad mit den Nägeln in die beiden Astgabeln und schon beginnt es, sich zu drehen.

EXPERIMENTIEREN

Wasserrad im Haus

Je mehr Wasser durch dein Wasserrad fließt, desto schneller dreht es sich. Wusstest du, dass sich so ein Wasserrad auch bei euch zu Hause im Keller befindet – nämlich in Form der Wasseruhr bzw. des Wasserzählers, der euren Wasserverbrauch misst? Die sogenannten Flügelrad-Durchflussmesser sehen von innen nämlich ähnlich aus. Sieh mal auf die Anzeige, wenn jemand die Toilettenspülung betätigt, duscht oder die Spülmaschine läuft. Wobei lässt sich Wasser sparen?

Pfeil und Bogen

DAS BRAUCHST DU

➡ **für Pfeil und Bogen**

frisch geschnittene Haselrute, ø unten ca. 2 cm und oben ca. 1,5 cm, ca. 1,20 m lang

frisch geschnittene, gerade Weidenruten, ø unten ca. 5 bis 7 mm, ca. 50 cm lang

reißfester Bindfaden

1 Für den Bogen in die frisch abgesägte Haselrute an beiden Seiten etwa 1 cm von den Enden entfernt rundum eine Kerbe schneiden. Dann wird die Mitte der Rute abgemessen und hier rundum nur die Rinde entfernt (keine Kerbe schneiden). An dieser Stelle wird später der Pfeil aufgelegt.

2 Nun am dickeren Ende an der Kerbe den Bindfaden anbinden. Biege jetzt den Bogen so weit durch, dass der Abstand zwischen Bindfaden und Bogen zwischen 12 cm und 15 cm beträgt. Dann bindest du den Bindfaden am anderen Bogenende gut an.

Als Pfeile verwendest du gerade, frisch geschnittene Weidenruten, die du auf 50 cm kürzt und am dickeren Ende leicht mit dem Messer einkerbst. Schäle jetzt die Ruten und lass sie einen Tag trocknen. Dann sind sie steifer und schussbereit. Aber Achtung: Nie auf Personen zielen und schauen, dass niemand in deine Schusslinie laufen kann!

DAS BRAUCHST DU

➡ **für den Köcher**

Karton von einer Verpackung, 50 cm x 50 cm

Bindfaden, 1,50 m lang

Wäscheklammer

dünner Draht, ca. 15 cm lang

Brett oder Schneideunterlage

Köcher

1 Lege den Karton so vor dich, dass die Wellen wie auf dem Foto von links nach rechts verlaufen. Biege und knicke dann den Karton in der Mitte und halte das Ganze mit einer Wäscheklammer zusammen. Mit Bleistift und Lineal ziehst du parallel zur Faltlinie im Abstand von 12 cm eine Bleistiftlinie. Auf einer Seite zeichnest du einen Bogen bis zur Faltlinie.

2 Schneide dann die Bleistiftlinie mit der Schere nach. Jetzt werden die Löcher jeweils etwa 1 cm vom Rand entfernt mit ca. 1 cm Abstand zueinander mit einem Nagel eingestochen. Du kannst eventuell die Linie ganz leicht mit Bleistift vorzeichnen und auch beim Einstechen der Löcher ein Lineal anlegen. Du solltest dabei ein Brett oder eine Schneideunterlage unterlegen.

Für Schützen

Zielscheiben

3 Knicke den Draht in der Mitte um und lege den Bindfaden dazwischen. Nun steckst du die beiden Drahtenden durch das oberste Loch am Köcher und ziehst dann die Drahtenden durch die beiden übereinander liegenden Löcher.

DAS BRAUCHST DU

➔ **für die Zielscheiben**

stabiler Karton von einer Verpackung

Haselruten, ø ca. 1,5 cm, ca. 40 cm lang

Nägel, ca. 4 cm lang

4 Anschließend wird das Bindfadenende angeknotet. Nun ziehst du bei jedem Lochpaar den Draht mit dem Bindfaden von vorne nach hinten. Am letzten Loch angekommen, wird das Bindfadenende angeknotet und abgeschnitten.
Auf den fertigen Köcher kannst du dann noch mit dicken Filzstiften deinen Namen schreiben und sonstige Verzierungen aufmalen.

1 Für die Zielscheiben zeichnest du mit dem Zirkel jeweils einen Kreis mit dem Radius von z. B. 8 cm auf den Karton. Dann schneidest du den Kartonkreis aus und schreibst mit Filzstift eine Zahl darauf. Oben stichst du noch z. B. mit einem Nagel ein Aufhängeloch ein.

2 Eine Haselrute wird an einem Ende mit dem Messer angespitzt. Auf der anderen Seite, etwa 2 cm vom Ende entfernt, schlägst du einen Nagel ein. Stecke den so entstandenen Pflock in die Erde und stecke die Zielscheibe auf den Nagel.

Holzkatapult

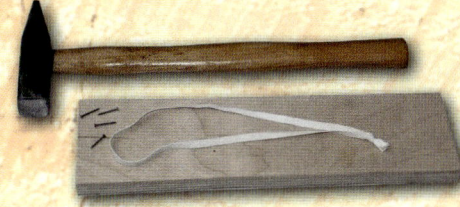

1 Das Brettchen sollte unbedingt gehobelt oder glattgeschliffen sein, damit sich mit ihm gut schießen lässt. Du kannst dein Katapult natürlich auch noch bemalen oder deinen Namen daraufschreiben. Lege die beiden Gummibandenden aufeinader und verknote sie. Die beiden überstehenden Bandenden sollten ca. 1 cm lang sein.

2 Stelle dann das Brettchen senkrecht. Oben auf die Schmalseite des Brettchens (5 cm x 1 cm) legst du die Gummibandmitte. Den ersten Nagel schlägst du in die Mitte des Gummibandes und gleichzeitig auch das Brettchen. Jeweils etwa 1 cm links und rechts davon schlägst du die beiden anderen Nägel ein.

Jetzt brauchst du noch Munition. Dafür schneidest oder sägst du den Korken in zwei oder drei Scheiben.
Lege eine Korkscheibe in das Gummiband vor den Knoten und ziehe dann mit einem Finger den Korken nach hinten. Sobald du den Finger hebst, wird die Korkscheibe nach vorne katapultiert.
Nun kannst du auf sauber gespülte Trinkjoghurtflaschen, auf die du mit wasserfestem Filzstift Zahlen geschrieben hast, zielen. Beim Schießen liegt das Katapult entweder auf dem Tisch oder du hältst es mit einer Hand.

DAS BRAUCHST DU

➜ **für das Katapult**

Brettchen oder Latte, ca. 5 cm breit und 27 cm lang

3 Flachkopf-Drahtstifte, ca. 1,5 cm lang

Gummiband, 5 mm breit, ca. 40 cm lang

Weinflaschenkorken

Trinkjoghurtflaschen

wasserfeste Filzstifte

Flitzer, Flieger, Boote

Zu Wasser, zu Lande oder in der Luft, überall kannst du mit deinen selbst gemachten Modellen unterwegs sein und Spaß haben. Am besten, du machst gleich mit deinen Freunden zusammen eine ganze Menge an Flitzern, Fliegern und Booten, die dann zu einem Wettrennen starten können.

In der Luft
Mutiger Fallschirmspringer

DAS BRAUCHST DU

➔ **für den Fallschirmspringer**

Plastiktüte, größer als
30 cm x 30 cm

Zwirn oder Häkelgarn,
4 x 60 cm lang

Holzperle, ø 2 cm

Weinflaschenkorken

Acrylfarbe in Blau, Rot und
Schwarz

Chenilledraht in beliebiger
Farbe, ø 9 mm

Bohrer, ø 2–3 mm

1 Aus dem Korken wird der kleine mutige Mensch gebastelt. Dazu wird er an fünf Stellen angebohrt. Die Bohrlöcher sollten etwa 1 cm tief sein. Oben am Korken bohrst du das erste Loch für den Hals, es folgen seitlich die Löcher für die beiden Arme und dann unten die Löcher für die Beine.
Nun kannst du den Korken bemalen. Die Haare malst du mit Acrylfarbe auf die Holzperlen, für das Gesicht verwendest du Buntstifte (keine Filzstifte verwenden, denn die Farbe zerfließt). Die Chenilledrahtstücke werden als Hals (3 cm lang), Arme (2 x 6 cm lang) und Beine (2 x 8 cm lang) in den bemalten Korken eingesteckt.

2 Für den Fallschirm schneidest du aus der Plastiktüte ein 30 cm x 30 cm großes Quadrat zu. Fasse eine Ecke des Quadrats und binde diesen Zipfel mit einem Zwirnstück ab. Die anderen drei Ecken bindest du mit den restlichen drei Fäden genauso ab. Halte dann den Fallschirm mit einer Hand an allen vier Fäden nach oben und verknote sie nach 30 cm. Jetzt sollten nach dem Knoten die Fadenenden noch mindestens 10 cm lang sein.

3 Diese Fadenenden werden unterhalb der Arme um den Fallschirmspringer geschlungen und verknotet. Dann kannst du den mutigen Springer von einem Fenster oder Balkon nach unten fallen lassen oder du wirfst ihn möglichst weit hoch.

81

In der Luft

Hubschrauber

DAS BRAUCHST DU

→ für den Hubschrauber

Styropor®platte, 4 cm stark, mindestens 30 cm x 10 cm

Graupappe (z.B. Rückseite Zeichenblock), mindestens 30 cm x 5 cm

8 Holzperlen, ø 1,5 cm

2 Rundholzstäbchen, ø 3 mm, mind. 20 cm lang

Acrylfarben nach Wahl

Heißer Draht, evtl. auch großes Messer mit glatter Klinge

→ Vorlage Seite 131

1 Fertige für den Hubschrauberrumpf eine Schablone an. Für die Kufen schneidest du einen Kartonstreifen (16 cm x 2 cm) als Schablone aus. Lege die Schablone für den Rumpf am besten so auf das Styropor®, dass die gerade Oberseite der Schablone am Rand der Styropor®platte anliegt. So musst du diese Linie später nicht nachschneiden. Zeichne den Umriss der Schablone mit einem feinen Filzstift nach. Auch die Kufenschablone legst du direkt am Plattenrand an und zeichnest den Umriss mit Filzstift nach.

2 Ausgeschnitten werden die beiden Styropor®teile mit dem Heißen Draht (siehe Seite 10).

3 Nun sind die Rotorblätter an der Reihe. Schneide aus der Graupappe zwei 1,5 cm breite und 30 cm lange sowie zwei 1 cm breite und 8 cm lange Streifen aus. Messe von jedem Pappstreifen den Mittelpunkt aus und loche diese Stelle mit der Lochzange. Dann klebst du jeweils zwei gleich lange Streifen kreuzförmig so aufeinander, dass die Löcher übereinander liegen.

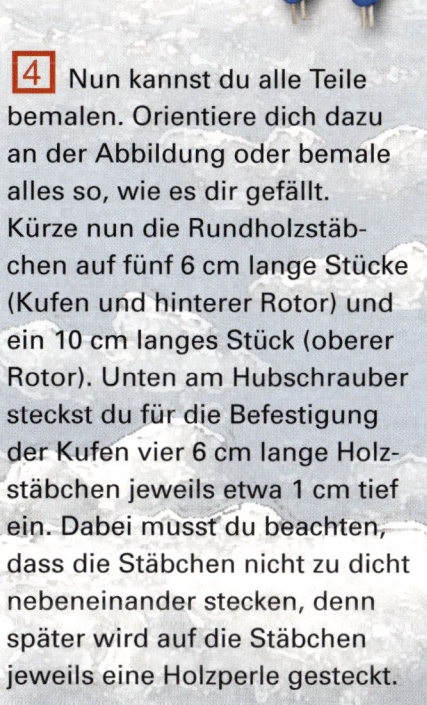

4 Nun kannst du alle Teile bemalen. Orientiere dich dazu an der Abbildung oder bemale alles so, wie es dir gefällt. Kürze nun die Rundholzstäbchen auf fünf 6 cm lange Stücke (Kufen und hinterer Rotor) und ein 10 cm langes Stück (oberer Rotor). Unten am Hubschrauber steckst du für die Befestigung der Kufen vier 6 cm lange Holzstäbchen jeweils etwa 1 cm tief ein. Dabei musst du beachten, dass die Stäbchen nicht zu dicht nebeneinander stecken, denn später wird auf die Stäbchen jeweils eine Holzperle gesteckt.

5 Nun wird das Kufenteil aufgesteckt. Es steht weit nach hinten über, damit der Hubschrauber nicht nach hinten kippt. Das lange Holzstäbchen so oben einstecken, dass es oben noch 3 cm übersteht. Darauf steckst du eine Perle, dann den großen Rotor und eine zweite Perle. Die zweite Perle klebst du mit Holzleim an. Nun muss sich der Rotor frei drehen lassen. Anschließend hinten den kleinen Rotor ebenso anbringen.

FORSCHEN

Vorbilder aus der Natur

Wusstest du, dass die Natur bei vielen technischen Erfindungen das Vorbild ist? Die Wissenschaft, die nach solchen Vorbildern sucht, nennt sich „Bionik" (BIOlogie und TechNIK). Die Fähigkeit, wie ein Hubschrauber senkrecht in die Luft zu gehen und in der Luft stehen bleiben zu können, haben z. B. auch Kolibris oder Libellen. Die Haftfähigkeit vom Klettverschluss wurde von den lästigen Kletten inspiriert, die nach einem Streifzug durchs Gras an deinen Klamotten kleben.

In der Luft

Eleganter Flieger

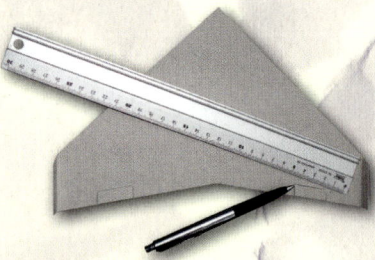

1 Fertige von Tragflächen und Seitenruder eine Schablone an, dabei die beiden Landeklappen einschneiden. Lege die Tragflächenschablone auf die Graupappe (nicht vom Zeichenblock, die ist zu dick) und zeichne den Umriss mit Bleistift nach, zeichne auch die 1 cm tiefen Einschnitte für die Landeklappen auf.

Dann kannst du die Tragflächen ausschneiden und die Einschnitte für die beiden Landeklappen anbringen. Damit sich die Landeklappen exakt falten und umklappen lassen, musst du die Faltlinien (gestrichelte Linien) mit einem leergeschriebenen Kugelschreiber und einem Lineal kräftig nachziehen. Auch die Seiten der Tragflächen werden 1 cm vom Rand entfernt kräftig nachgezogen und nach oben geklappt.

2 Lege die Seitenruderschablone auf die Graupappe und schneide das Seitenruder zweimal aus. Säge von der Holzleiste ein 3 cm langes Stück ab und klebe es bündig von unten an das lange Leistenstück. Am anderen Ende werden die beiden Seitenruder angeklebt.

3 Klebe anschließend die Tragflächen auf die Holzleiste.

4 Jetzt kannst du das Flugzeug umdrehen und die Wäscheklammer vorne an der Holzleiste befestigen. Drehe das Flugzeug wieder um und klappte die beiden Landeklappen an beiden Tragflächen leicht nach oben. Jetzt ist das Flugzeug startklar.
Wichtig: Das Flugzeug fliegt nur mit Wäscheklammer. Durch sie ist es ausbalanciert.
Wenn du dein Flugzeug bemalen möchtest, mache das vor dem Zusammenfügen.

DAS BRAUCHST DU

→ **für den Flieger**
dünne Graupappe, A4 (Rückseite von Schreibblock)
Kantholzleiste, 8 mm x 8 mm, 25 cm lang
Wäscheklammer auch Holz
Acrylfarben

→ **Vorlage Seite 130**

In der Luft
Katapult-Raketen

DAS BRAUCHST DU

➔ **für die Raketen**

Pappröhre (Küchenrolle),
ø 4,5 cm, 26 cm lang

Tonpapier in beliebiger Farbe

evtl. Wellpappe in Schwarz

Acrylfarbe in beliebiger Farbe

Holzstab, eckig oder rund,
ø ca. 2 cm, ca. 20 cm lang

evtl. Motivlocher: Stern

breites Gummiband, 5 mm breit,
70 cm lang

➔ **Vorlage Seite 129**

1 Male die Pappröhre bunt an. Am besten nimmst du dazu ein Schwämmchen, das geht schnell und die Farbe lässt sich gleichmäßig auftragen. Vergiss aber nicht, Gummihandschuhe anzuziehen!

2 Schneide die Pappröhre an einem Ende jeweils zweimal im Abstand von 5 mm tief ein und klappe die beiden Abschnitte nach innen. Wiederhole dasselbe an der gleichen Stelle am anderen Ende der Pappröhre.

3 Nun kannst du das Gummiband in die Kerben der Pappröhre einlegen und die beiden Enden miteinander verknoten. Das Gummiband sollte nicht straff gespannt sein, sondern einfach nur an der Pappröhre anliegen.

4 Jetzt wird der Holzstab, mit dem du die Rakete starten kannst, bearbeitet. Am besten schnitzt du in ein Ende des Stabes eine Kerbe. Zur Not kannst du auch auf die Kerbe verzichten.

5 Bevor du die Rakete weiter bastelst, solltest du einen Probestart machen. Stelle die Röhre so vor dich, dass sich der Knoten des Gummibandes oben befindet. Daneben stellst du den Holzstab mit der Kerbe nach oben. Nun hältst du die Pappröhre so, dass sich das Gummiband genau über der Kerbe des Holzstabes befindet und drückst dann die Röhre nach unten. Wenn du loslässt, startet die Rakete. Jetzt kannst du noch die Spannung des Gummis korrigieren und die Pappröhre erneut starten lassen.

6 Von Raketenspitze und Heckflügel fertigst du jeweils eine Schablone an. Übertrage den Umriss der Spitze einmal und den Umriss des Heckflügels viermal auf das Tonpapier und schneide dann die Teile aus. Trage auf das Spitzenteil rechts von der gepunkteten Linie Klebstoff auf und klebe die Spitze zusammen. Damit die Spitze auf der Pappröhre angeklebt werden kann, schneidest du den Rand im Abstand von 1 cm zweimal 1 cm tief ein. Dasselbe machst du am Rand gegenüber. Diese beiden 1 cm breiten Abschnitte bestreichst du auf der Innenseite mit Klebstoff, stellst die Spitze auf die Pappröhre und drückst dann diese beiden Abschnitte an die Pappröhre. Die Heckflügel faltest du jeweils an den gestrichelten Linien und klebst sie an die Pappröhre.

EXPERIMENTIEREN

Luftballon-Rakete

Für eine Luftballon-Rakete brauchst ein etwa 5 cm langes Stück von einem Plastiktrinkhalm, an dem du mit Klebefilm einen noch nicht aufgeblasenen Luftballon befestigst. Fädle das Ganze auf dünne Schnur, die du im Anschluss straff (!) und schräg durch den Raum spannst. Blase den Luftballon auf und verschließe ihn mit einer Haushaltsklammer. Wenn du diese wieder wegnimmst, saust deine „Rakete" quer durch den Raum. Diese Antriebsart nennt man Rückstoß – wie bei einer echten Rakete!

Mein Tipp für dich
Die Rakete kannst du noch beschriften und Verzierungen aufmalen oder aufkleben. Mit einem Motivlocher kannst du z. B. Sterne ausstanzen und diese aufkleben.

In der Luft

DAS BRAUCHST DU

→ **für den Drachen**

2 Plastiktüten, z. B. 39 cm breit, 45 cm hoch

2 Rundholzstäbe (oder Kantholzstäbe), ø 5 mm bis 8 mm, 50 cm lang

Drachenschnur

Klebefilm

Tacker

Plastiktüten-Drachen

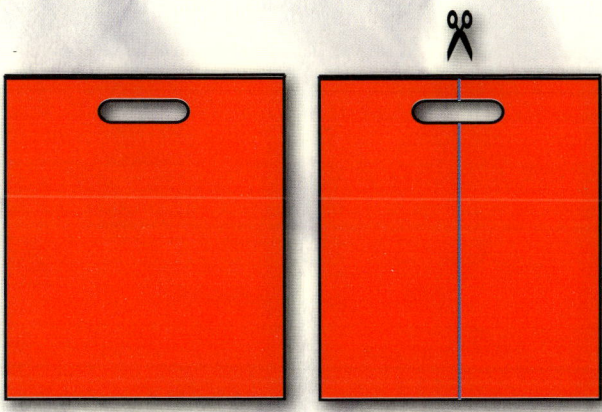

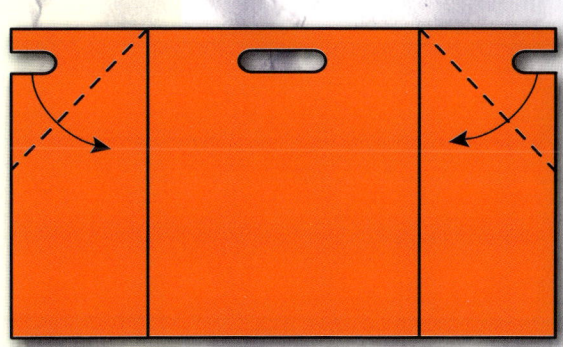

1 Schneide die Tüte nur an der Vorderseite vom Griff bis zum Tütenboden entlang der blauen Linie ein.

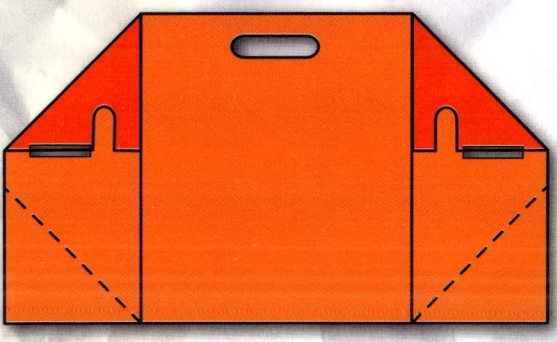

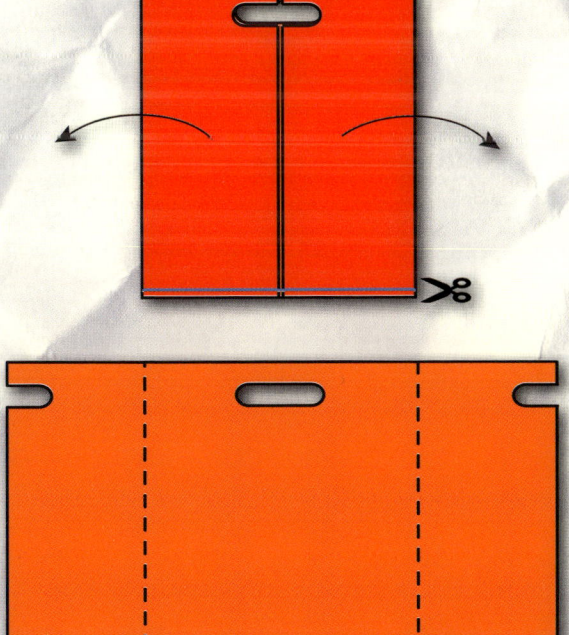

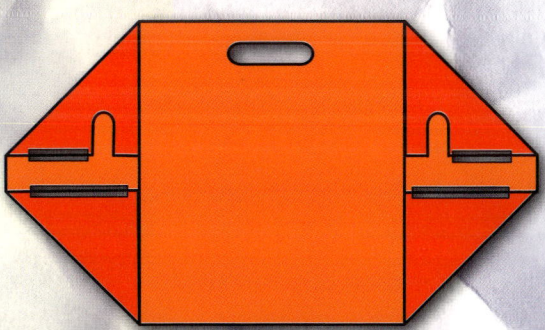

2 Nun schneidest du entlang der blauen Linie den Tütenboden ab und klappst die Tüte auf.

3 Falte die beiden oberen Ecken an den gestrichelten Linien schräg nach unten und klebe sie jeweils mit Klebeband an. Dasselbe machst du mit den beiden unteren Ecken.

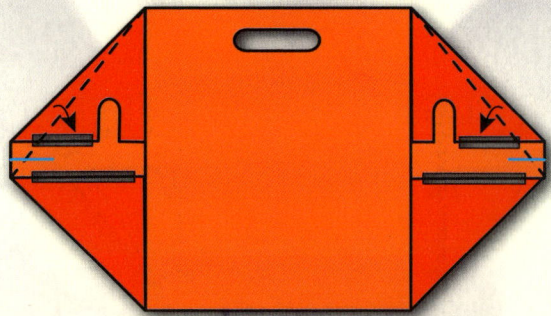

4 Jetzt misst du die Mitte an den beiden Seiten aus und markierst sie mit Kugelschreiber, das sind die beiden blaue Linien. Falte die beiden oberen Ecken nach unten.

5 Mache dasselbe mit den beiden unteren Ecken, dabei werden die Ecken so weit nach oben gefaltet, dass der entstandene Innenwinkel genau auf der blauen Linie liegt. Das Ganze ebenfalls mit Klebefilm fixieren.

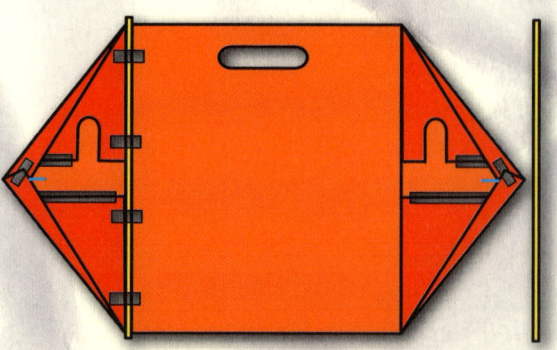

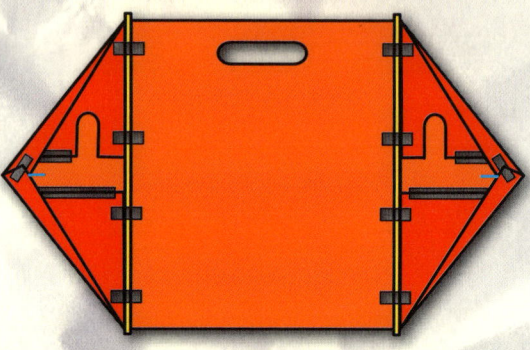

6 Lege die beiden Holzstäbe, die du noch auf Tütengröße kürzen musst, auf und klebe sie mit Klebefilm auf.

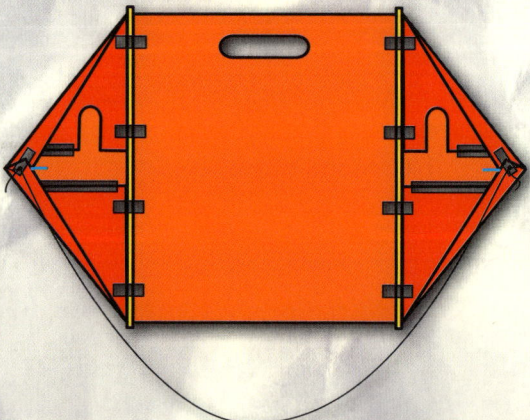

7 Jetzt kannst du die beiden seitlichen Ecken entweder mit der Lochzange oder einer Vorstechnadel lochen. Erweitere die Löcher etwas, sodass du eine 70 cm lange Schnur anknoten kannst.

8 Fasse die Drachenschnur genau in der Mitte, indem du den Drachen daran hochhebst. Mache hier nun einen Knoten, sodass eine Öse entsteht. Hier wird dann die Drachenschnur angebunden.

Schneide für den Schwanz von der zweiten Tüte zehn oder zwölf 3 cm breite und 45 cm lange Streifen ab. Lege fünf oder sechs Streifen aufeinander und hefte sie an einem Ende mit dem Tacker zusammen. Hefte dann einen oder zwei dieser Schwänze mit dem Tacker an den Drachen.

Auf dem Wasser

Sardinenbüchsen-Boot

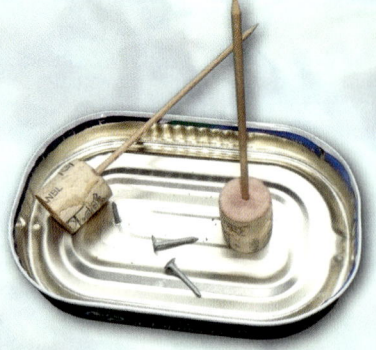

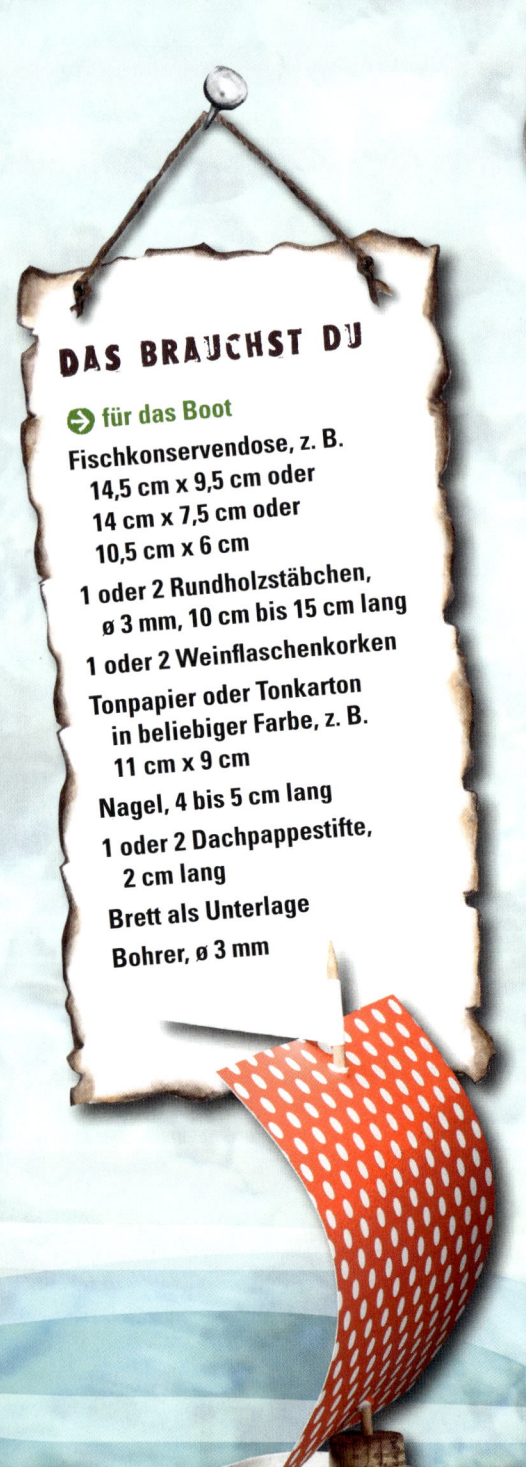

DAS BRAUCHST DU

→ **für das Boot**

Fischkonservendose, z. B.
14,5 cm x 9,5 cm oder
14 cm x 7,5 cm oder
10,5 cm x 6 cm

1 oder 2 Rundholzstäbchen,
ø 3 mm, 10 cm bis 15 cm lang

1 oder 2 Weinflaschenkorken

Tonpapier oder Tonkarton
in beliebiger Farbe, z. B.
11 cm x 9 cm

Nagel, 4 bis 5 cm lang

1 oder 2 Dachpappestifte,
2 cm lang

Brett als Unterlage

Bohrer, ø 3 mm

1 Die leere Konservendose musst du zuerst gründlich reinigen. Sollte sie noch scharfe Ränder haben, drückst du diese am besten mit einer Flachzange an.

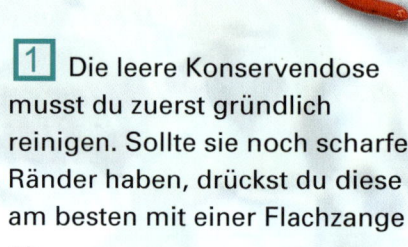

2 Lege die Dose auf das Brett und schlage mit dem Hammer und dem großen Nagel für den Mast zwei Löcher in den Schiffsboden. Die Löcher müssen nicht groß sein, sondern einfach nur das Blech durchdringen.

3 Dachpappestifte haben einen sehr breiten Kopf und sind nur 2 cm lang. Stecke sie von unten in die beiden Löcher im Schiffsboden. Dann schneidest du von den beiden Weinkorken etwa ein Drittel mit dem Messer ab. Das größere Korkenteil durchbohrst du und steckst das Holzstäbchen als Mast ein. Nun drückst du den Korken auf den aus dem Schiffsboden ragenden Nagel.

4 Aus dem Papier kannst du jetzt die Segel (z.B. 11 cm x 9 cm) ausschneiden und in diese mit einer Vorstechnadel zwei Löcher für den Mast stechen. Wenn du magst, bemalst du dein Segel jetzt noch. Die Löcher werden dann etwas erweitert, damit du das Holzstäbchen durchstecken kannst. Die Flaggen sind schmale Papierstreifen, die 5 cm lang und spitz zugeschnitten werden (auch diese kannst du natürlich so bemalen und verzieren, wie es dir gefällt). Diese klebst du an die Masten und schon kann dein Schiff in See stechen.

EXPERIMENTIEREN
Seifenantrieb

Bastle ein Papierboot und setze es ins Wasser. Dann benetzt du deinen Finger mit Spülmittel und tauchst ihn hinter dem Boot ins Wasser. Was passieren wird? Dein Boot wird richtig Tempo kriegen und sofort von deinem Finger wegschwimmen. Das liegt dann nicht an dem Geruch des Spülmittels sondern daran, dass dieses die sogenannte Oberflächenspannung des Wassers verändert.

Auf dem Wasser

Flitzer, Flieger, Boote

Dampfer und Yacht

1 Die Schiffe kannst du nach deiner Fantasie zusammenstellen, hier gibt es keine genauen Vorgaben. Vom Brett sägst du zuerst ein Stück für den Rumpf ab. Mit Bleistift und Lineal zeichnest du dann den spitzen Bug des Schiffes auf und sägst die beiden Bleistiftlinien nach. Für den weiteren Schiffsaufbau brauchst du kleinere Brettstücke oder ein Stück Dachlatte. Hast du alle Teile ausgesägt, glättest du die Ränder mit der Feile.

2 Hier siehst du, wie die unbemalten Schiffsteile probeweise aufeinandergelegt wurden.

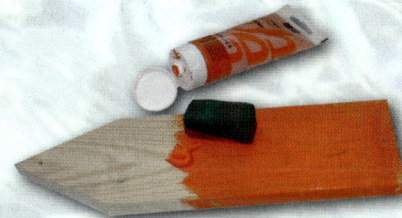

3 Wenn du mit der Form deines Schiffes zufrieden bist, kannst du die Teile mit Acrylfarbe und einem Schwämmchen bemalen. Vergiss nicht, Gummihandschuhe anzuziehen! Wenn alles getrocknet ist, bohrst du zwei oder drei Löcher in den Rumpf, dabei wird er ganz durchbohrt. Dann steckst du die Nägel in die Löcher.

Schiebe das kleinere Holzstück darunter, schlage die Nägel ein und drehe das Schiff dann um. Nun werden für die Masten Löcher gebohrt. Die Schornsteine sind Korken, die du der Länge nach durchbohrst. Stecke jeweils einen etwas längeren Nagel durch und nagle den Schornstein auf das Schiff. Ganz zum Schluss kannst du auch noch deinen Namen und weitere Details mit einem wasserfesten Filzstift aufmalen und kleine Flaggen auf die Masten kleben.

Auf dem Wasser
Piraten-Flaggschiff

1 Zuerst fertigst du von Schiffsrumpf, Kajütenaufbau im Heck, Flagge und Totenkopf samt Knochen Schablonen an. Nun ist der Rumpf an der Reihe. Lege die Schablone des Rumpfes und hinten direkt daran anschließend den gleich breiten Kajütaufbau auf die Styropor®platte. Am besten so, dass eine gerade Seite der Schablone am Rand der Styropor®platte anliegt, so musst du diese Linie nicht nachschneiden. Zeichne den Umriss der Schablone mit einem feinen Filzstift nach. Nun nimmst du die Rumpfschablone ab und zeichnest noch die Linie, die den Rumpf vom Kajütaufbau trennt, auf.

2 Ausgeschnitten werden die beiden Styropor®teile mit dem Heißen Draht (siehe Seite 10). Bevor du den Schiffsrumpf damit ausschneidest, solltest du an einem Styropor®rest zuerst einige Probeschnitte machen.

3 Klebe den Kajütaufbau so auf den Rumpf, dass er hinten und an den Seiten bündig anliegt. Wenn der Klebstoff trocken ist, kann das Schiff mit einem flachen Borstenpinsel (z. B. Nr. 12) bemalt werden. Anschließend sind Mast und Segel an der Reihe. Säge vom 50 cm langen Rundholzstab den Mast (32 cm lang) und den Bugspriet (12 cm lang) ab. Damit sich beide später leichter in den Schiffsrumpf einstecken lassen, spitzt du beide ein wenig mit dem Bleistiftanspitzer an.

4 Durchbohre den Korken und stecke ihn als Mastkorb auf den Rundholzstab. Das schwarze Segel ist etwas breiter als hoch. Es wird mit der Lochzange am oberen und am unteren Rand gelocht. Zuvor musst du jeweils die Mitte ausmessen. Dann legst du die Schablonen von Totenkopf und Knochen (siehe Piratenhut auf Seite 30/31) auf den weißen Karton, zeichnest die Umrisse mit Bleistift nach und schneidest die Teile aus. Dann kannst du sie auf das Segel kleben.

Weil der Mast etwas dicker ist als die beiden Löcher im Segel, erweiterst du die Löcher vorsichtig, indem du einen Bleistift hineinsteckst und vorsichtig drehst. Anschließend kannst du das Segel auf den Mast stecken und noch die Flagge ankleben.

5 Jetzt wird der Mast auf den Schiffsrumpf gesteckt. Vorne steckst du noch den 12 cm langen Bugspriet ein. An diesen werden die beiden Fäden angeknotet. Damit sie nicht verrutschen, gibst du einen Klebstoffklecks so auf den angebundenen Faden, dass auch auf dem Holz etwas Klebstoff ist. Wenn der Klebstoff trocken ist, kannst du die beiden Fäden zum Mast spannen, diesen über dem Mastkorb umschlingen, weiter zum Heck spannen, an dem kleinen Rundholz anknoten und ebenfalls etwas Klebstoff auftupfen.

➜ **für das Piratenschiff**

Styropor®platte, 4 cm stark,
mind. 37 cm x 7 cm

Rundholzstab, ø 5 mm,
50 cm lang

Rundholzstäbchen, ø 3 mm,
5 cm lang

Tonkarton in Schwarz,
21 cm x 18 cm

Kartonreste in Weiß und Rot

Weinflaschenkorken

Acrylfarbe in Braun

Bohrer, ø 3 mm

Zwirn oder Häkelgarn,
2 x 80 cm lang

weißer Bastelkleber ohne
Lösungsmittel

Heißer Draht oder langes
Messer mit glatter Klinge

➜ **Vorlage Seite 116 / 117
und 131**

Auf dem Wasser
Rindenschiffchen

DAS BRAUCHST DU

➔ **für die Rindenschiffchen**

Baumrinde, vorzugsweise
Lärche

Rundholzstäbchen oder
Zahnstocher

Holzbohrer, ø 2 oder 3 mm

Karton oder Papier

1 Baumrinde lässt sich am besten von gefällten Bäumen ablösen, die schon eine Zeit lang liegen. Am besten geeignet sind zurechtgesägte Stämme mit dickerer Rinde. Die dickste Rinde hat die Lärche. Stellenweise ist sie drei oder vier Zentimeter dick. Aber wenn du daraus dann ein Schiffchen schnitzt, ist dieses nur noch 1 cm oder auch 2 cm dick, vielleicht 3 bis 5 cm breit und 10 bis 15 cm lang.

2 Mit dem Schnitz- oder Taschenmesser bringst du das Rindenstück in die Form eines Schiffsrumpfes.
Oben siehst du ein paar Formen, an denen du dich orientieren kannst.

EXPERIMENTIEREN

EXPERIMENTIEREN

Warum schwimmen Schiffe?

Hast du dich schon mal gefragt, warum große, schwere Schiffe nicht untergehen? Weil sie so viel Wasser verdrängen, wie sie selbst wiegen. Entdeckt hat dieses Phänomen vor über 2000 Jahren Archimedes. Die Wasserverdrängung ist dabei abhängig von der Größe und dem Gewicht des Gegenstandes. Legst du z. B. eine Münze in eine mit Wasser gefüllte Schüssel, geht diese unter. Bastelst du aber zuvor ein Boot aus Alufolie und legt die gleiche Münze darauf, wird das Boot schwimmen – weil durch das Aluboot mehr Wasser verdrängt wird.

3 Wenn dein Schiffchen noch einen oder mehrere Masten bekommen soll, musst du für diese kleine Löcher in die Rinde bohren. Sei vorsichtig, dass das Schiffchen dabei nicht bricht! Dann kannst du aus Papier die Segel ausschneiden. Deren Größe richtet sich nach der Schiffsgröße und der Mastlänge. Jedes Segel musst du oben und unten einmal mit einer Vorstechnadel oder Prickelnadel durchstechen. Dann können die Segel auf die Masten gesteckt werden.

Mein Tipp für dich

Die Segel kannst du auch aus gemusterten Papierresten (z. B. Geschenkpapier, Zeitung, Zeitschrift) ausschneiden. Oder du gestaltest sie selber mit bunten Farben und verschiedenen Beschriftungen.

DAS BRAUCHST DU

→ **für das Floß**

8 gerade Zweige oder Ruten,
ø 1,5 cm bis 2 cm, 28 cm lang

4 gerade Zweige oder Ruten,
ø 1,5 cm bis 2 cm, 21 cm lang

2 gerade Zweige oder Ruten,
ø 1 cm bis 1,5 cm, 30 cm lang

Bindfaden

Stoffrest, 26 cm x 26 cm

Tonpapier in Rot, 9 cm x 5 cm

Wäscheklammern

→ **Vorlage Seite 116 / 117**

Flitzer, Flieger, Boote

Floß-Flotte

Mein Tipp für dich
Wenn das Floß längere Zeit auf dem Trockenen ist, schrumpft das Holz und die Bindfäden lockern sich. Deshalb lässt du es am besten immer im Wasser liegen.

1 Für die Grundfläche knotest du den Bindfaden an einem 21 cm langen Zweig an und legst diesen quer auf die acht langen Zweige. Dann verbindest du die Zweige miteinander, indem du den Bindfaden so führst: unter den ersten Zweig, über den oberen quer verlaufenden Zweig, unter den zweiten Zweig, über den oberen Zweig, unter den dritten Zweig usw.
Wenn du den Bindfaden auch unter den achten und letzten Zweig gezogen und wieder nach oben geführt hast, machst du nochmals dasselbe vom achten Zweig zurück bis zum ersten Zweig, an dem du den Bindfaden zu Beginn angeknotet hast. Schneide den Bindfaden vom Knäuel ab und verknote die beiden Fadenenden miteinander.

2 Die drei anderen 21 cm langen Zweige werden ebenso angeknotet. Die beiden mittleren Zweige müssen dicht aneinander liegen, denn zwischen sie wird später der Mast gesteckt. Wichtig ist, dass du den Bindfaden immer sehr straff anziehst.

3 Nun werden Mast und Segel angebracht. Dazu bindest du die beiden dünnen Zweige zu einem Kreuz zusammen. Den waagrechten Zweig nennt man Rah und das Stoffquadrat ist das Rahsegel. Damit sich das Segel besser anbinden lässt, heftest du es am besten mit zwei Wäscheklammern an den Zweig.

4 Stecke den Mast zwischen die beiden mittleren Querhölzer, dann kannst du ihn wie auf dem Foto am Floß anbinden. Zum Schluss malst du den Totenkopf (siehe Seite 30/31) oder ein anderes Motiv, das dir gefällt, auf die Tonpapierflagge und klebst sie an den Mast.

Auf der Piste

DAS BRAUCHST DU

➲ **für die Flitzer**

Haselnusszweig, ø 1,5 cm
   bis 2 cm

Rundholzstäbchen, ø 3 mm,
   mind. 15 cm lang

Acrylfarben

Tacker

Flitzer, Flieger, Boote

Flitzer aus Ästen

Haselnusszweige haben in der Mitte eine weiche Markschicht. Stecke die Enden der Achsen (Holzstäbchen) in die Markschicht der Räder. Ist der Haselzweig nicht mehr frisch, muss die Markschicht evtl. mit einem Bohrer durchbohrt werden.

Mein Tipp für dich
Lustig sehen die Fahrer aus, wenn du sie bunt bemalst und ihnen witzige Gesichter gibst.

1 Für deinen Flitzer verwendest du am besten einen frisch geschnittenen Zweig, dann lässt er sich leichter bearbeiten. Säge zuerst ein etwa 10 cm langes Stück ab. An der späteren Vorderseite kannst du das Zweigstück mit dem Messer etwas abschrägen. Anschließend wird an der Oberseite als Cockpit für den Fahrer eine Mulde herausgeschnitten. Die Größe der Mulde richtet sich nach der Größe des Fahrers (Den schnitzt du später noch. Oder du verwendest eine Spielzeugfigur).

Drehe das Zweigstück um und schneide für die Achsen zwei tiefe Kerben ein.

Für die Räder sägst du vom Zweig vier möglichst gleich breite Stücke ab. Schneide für die Achsen vom Rundholzstäbchen zwei 7 cm lange Stücke ab.

2 Lege die Achse in eine der beiden Kerben auf der Autounterseite, klappe den Tacker auf und halte den Tacker so, dass die Klammer genau über der Achse ist, bevor du den Tacker fest auf die Autounterseite drückst.

3 Das fertige Auto kannst du unbemalt lassen oder es noch bunt bemalen.

4 Aus einem dünneren Zweig schnitzt du noch den Fahrer und klebst ihn dann auf das Auto.

Auf der Piste

Sardinenbüchsen-Autos

DAS BRAUCHST DU

➡ **für ein Auto**

Sardinenbüchse, 10,5 cm x 6 cm

Aludraht, ø 2 mm, 1 x 10 cm und
2 x 7,5 cm lang

4 Holzperlen mit kleiner
Bohrung, ø 2,5 cm

Holzperle, ø 2 cm

Chenilledraht in Braun oder
Gelb, ø 1 cm, 10 cm lang

Weinflaschenkorken

Bohrer, ø 3 mm

Nagel, ca. 5 cm lang

Holzbrett

1 Öffne die Dose am besten mit einem Sicherheitsdosenöffner, damit keine scharfen Kanten entstehen. Reinige die Dose dann gründlich. Falls doch scharfe Ränder entstanden sind, kannst du diese mit der Kombi- oder Flachzange andrücken.

2 Nun legst du die Dose seitlich auf das Brett und schlägst mit dem Nagel ein Loch für die Achse in die Büchsenwand. Schlage ein weiteres Loch für die zweite Achse ein. Dann werden die beiden Löcher auf der gegenüberliegenden Seite eingeschlagen. Dazu kommen noch zwei Löcher für die Windschutzscheibe und ein Loch für den Fahrer. Jetzt kannst du die Karosserie bemalen.

3 Schneide für den Fahrer mit der Kombizange oder dem Seitenschneider ein 10 cm langes Stück Chenilledraht ab. Ein Ende formst du zu einem engen Kreis und steckst dann das lange Ende durch die kleine Holzperle. Auf diese kannst du vorher das Gesicht mit Buntstift aufmalen.

4 Für den Körper schneidest du vom Korken zwei 1 cm lange Stücke ab und durchbohrst sie mit dem Bohrer. Stecke den Chenilledraht des Fahrers durch ein Korkenstück, dann durch das „Fahrerloch" der Büchse und dann durch das zweite Korkenstück. Biege das Chenilledrahtende um und schneide es ab, wenn es zu lang ist. Forme den 10 cm langen Windschutzscheibendraht zu einem Bogen und stecke die Enden in die beiden Löcher der Büchse. Die unten 1 cm überstehenden Enden biegst du nach hinten um.

5 Biege das Ende eines Achsendrahtes (7,5 cm lang) nach 5 mm rechtwinklig um. Das lange Drahtende steckst du durch ein Achsenloch, fädelst dann zwei Holzperlen auf und steckst es durch das andere Achsenloch. Das überstehende Drahtende biegst du ebenfalls rechtwinklig um. Schon ist das Auto fahrbereit!

Puste-Racer

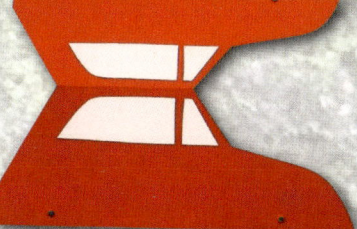

DAS BRAUCHST DU

➡ **für die Puste-Racer**

Fotokarton in beliebiger Farbe,
15 cm x 15 cm

Kartonrest

Papierrest in Weiß

2 Zahnstocher

4 Holzperlen, ø 2 cm

➡ **Vorlage Seite 129**

1 Fertige für das Auto und für die Fensterscheibe je eine Schablone an und steche mit der Vorstechnadel auch die beiden Löcher für die Zahnstocher-Achsen ein.
Falte das Quadrat aus Fotokarton genau in der Mitte und lege die Auto-Schablone so auf, dass das Dach (gestrichelte Linie) genau an der Faltlinie des Fotokartons liegt. Nun kannst du den Umriss mit Bleistift nachziehen. Auch die beiden Löcher für die Achsen stichst du durch die Schablone in den Karton.
Schneide dann das Auto aus, klappe es auf und erweitere die eingestochenen Löcher so weit, bis sich die Zahnstocher durchstecken lassen.
Lege nun die Fenster-Schablone auf das weiße Papier, ziehe den Umriss mit Bleistift nach, schneide dann die Fenster aus und klebe sie auf das Auto.

2 Anschließend kannst du das Auto aufklappen und je einen Zahnstocher in ein Achsenloch stecken. Auf deren Enden steckst du dann zwei Holzperlen und steckst dann die Zahnstocherspitze durch das gegenüberliegende Loch. Dasselbe wiederholst du mit dem anderen Zahnstocher und den beiden anderen Holzperlen. Zum Schluss weitest du den Karton ein wenig, damit er nicht direkt an den Holzperlenrädern anliegt und dann ist dein Auto auch schon startklar.

SPIEL & SPASS
Wettrennen
Je kräftiger und je länger du pustest, desto schneller und weiter fährt dein Auto. Mach mit deinen Freunden ein Wettrennen auf dem Tisch. Jeder von euch gestaltet sich einen coolen Rennwagen, dann treten zwei Autos von einer Tischkante zur gegenüberliegenden gegeneinander an.

Monstertruck

DAS BRAUCHST DU

➜ **für den Monstertruck**

4 Holzräder, ø 8 cm

Brett- oder Lattenreste, hier
z.B. 4 cm stark, 6 cm breit und
16 cm lang und 2,5 cm stark,
6 cm breit und 8 cm lang

Kantholzleiste, 1,2 cm x 1,2 cm,
ca. 30 cm lang

Hasel- oder Weidenrute,
ø 1 cm bis 1,5 cm

8 Kreuzschlitzschrauben,
ca. 2 cm lang

10 Drahtstifte, ca. 1,5 cm lang

4 Unterlegscheiben, ø 1 cm

Acrylfarben

Holzleim

Leim- oder Schraubzwinge

Holzbohrer, ø 2 mm

Mein Tipp für dich
Den Truck kannst du
natürlich ganz so bemalen,
wie es dir gefällt und ihm
auch noch einen coolen
Namen verpassen.

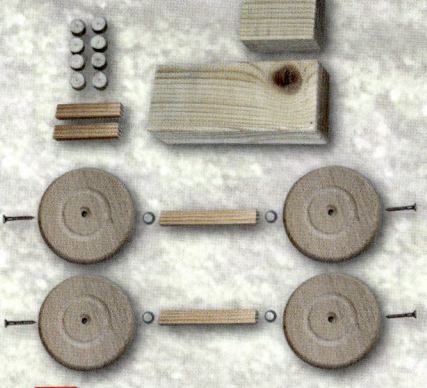

1 Hier siehst du alle Bestand-
teile des Monstertrucks.

2 Zuerst sägst du für das
untere Teil der Karosserie von
dem Brett oder der Latte ein
16 cm langes Stück ab. Für das
Dach sägst du ein 8 cm langes
Stück ab. Wichtig ist, dass die
Brett- oder Lattenstücke gleich
breit sind (hier 6 cm).
Glätte mit der Feile die Ränder.
Wenn du das Brettende ab-
schrägen willst, nimmst du dazu
die Raspel und arbeitest dann
die Fläche mit der Feile nach.
Anschließend schleifst du alles
mit Schleifpapier ab. Dann
kannst du die beiden Holzteile
bemalen und anschlie-
ßend aufeinander
leimen.
Für die Scheinwerfer
werden von der Hasel-
oder Weidenrute sechs
5 mm dicke Scheiben

abgesägt und die Rinde entfernt. Bemale die Scheinwerfer.
In der Mitte ist eine Markschicht,
durch die du leicht jeweils einen
Drahtstift drücken kannst. Nagle
die Scheinwerfer an.

3 Säge von der Holzleiste die
Achsen (7,5 cm) und die Stoßstangen (6 cm) ab. Die Säge-
stellen musst du mit dem
Schleifpapier glätten. Nun
kannst du die Teile bemalen.
Nagle jeweils mit zwei Draht-
stiften die Stoßstangen an.
Die beiden Achsen werden an
den Enden 5 mm tief angebohrt.
1,5 cm von beiden Enden entfernt werden die Achsen durchbohrt. Du kannst entweder
zuerst die Achsen an der Karosserie anschrauben und dann
erst die Räder oder umgekehrt.
Wenn du die bemalten Räder
anschraubst, musst du jeweils
zwischen Rad und Achse noch
eine Unterlegscheibe aufstecken, damit das Rad nicht direkt
auf dem Achsenende liegt. Die
Radschrauben darf nur so weit
angezogen werden, dass sich
das Rad noch leicht dreht.
Schon ist dein Truck
fertig.

Schwert und Dolch

→ Seite 14

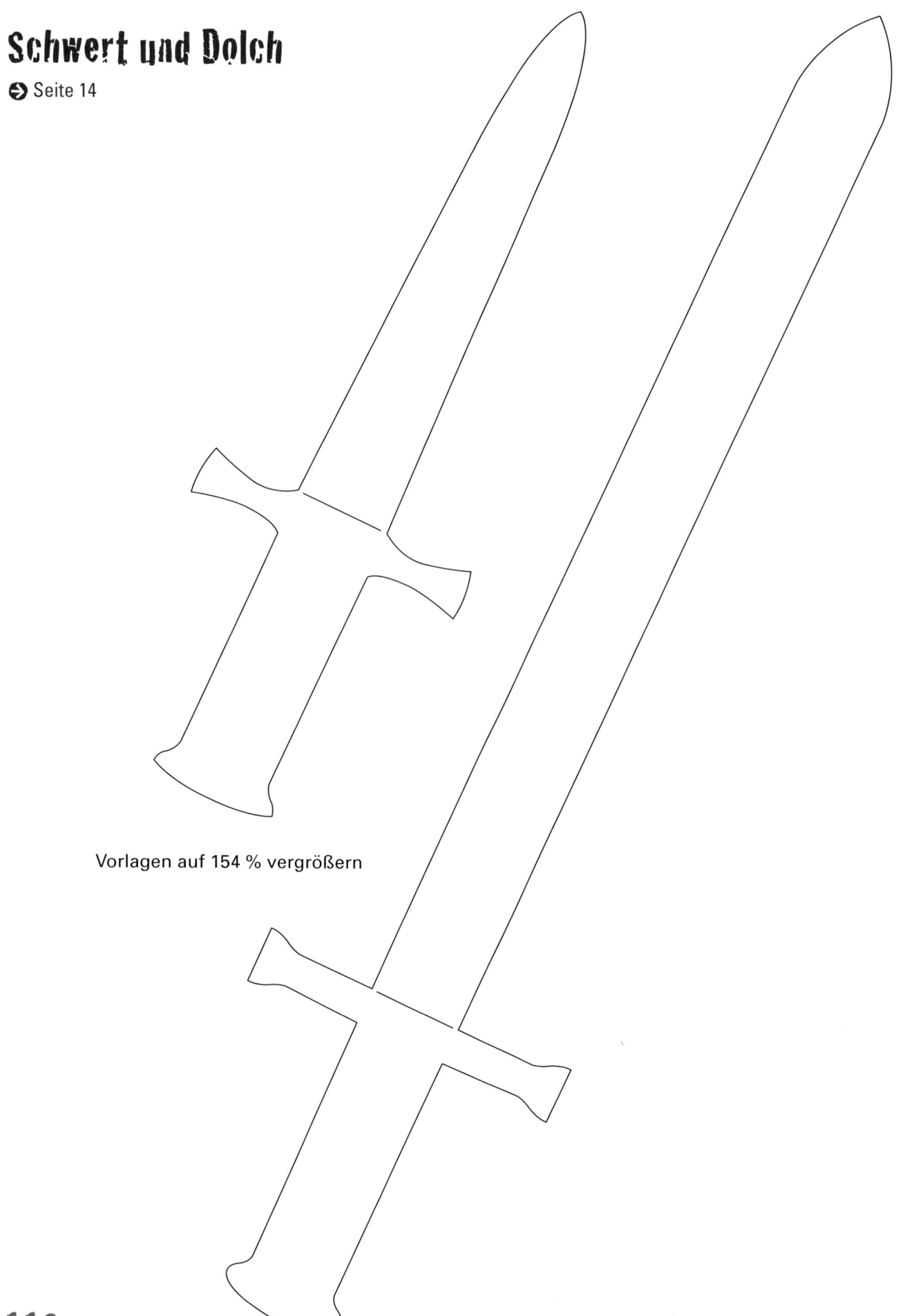

Vorlagen auf 154 % vergrößern

Schild

➔ Seite 18

Handgriff

Schildspitze

Vorlage Schildspitze auf 200 % vergrößern

Rüstung

➔ Seite 20

50 cm

80 cm

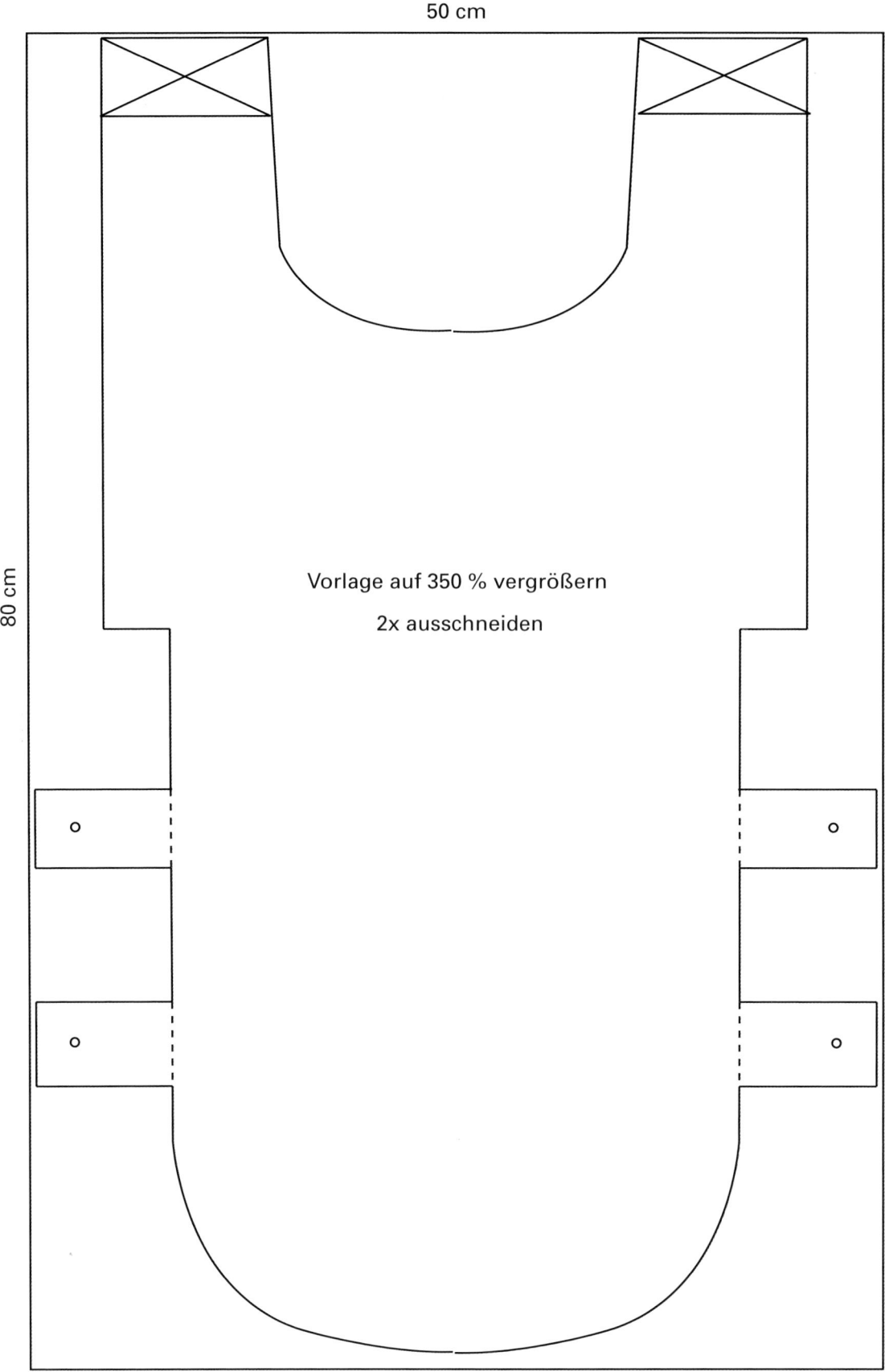

Vorlage auf 350 % vergrößern

2x ausschneiden

Rüstung

➜ Seite 20

Bärenklauenkette

➜ Seite 22

Kreuz für Ritterrüstung

Vorlage auf 132 % vergrößern

Waffen

→ Seite 28

Vorlage auf 125 % vergrößern

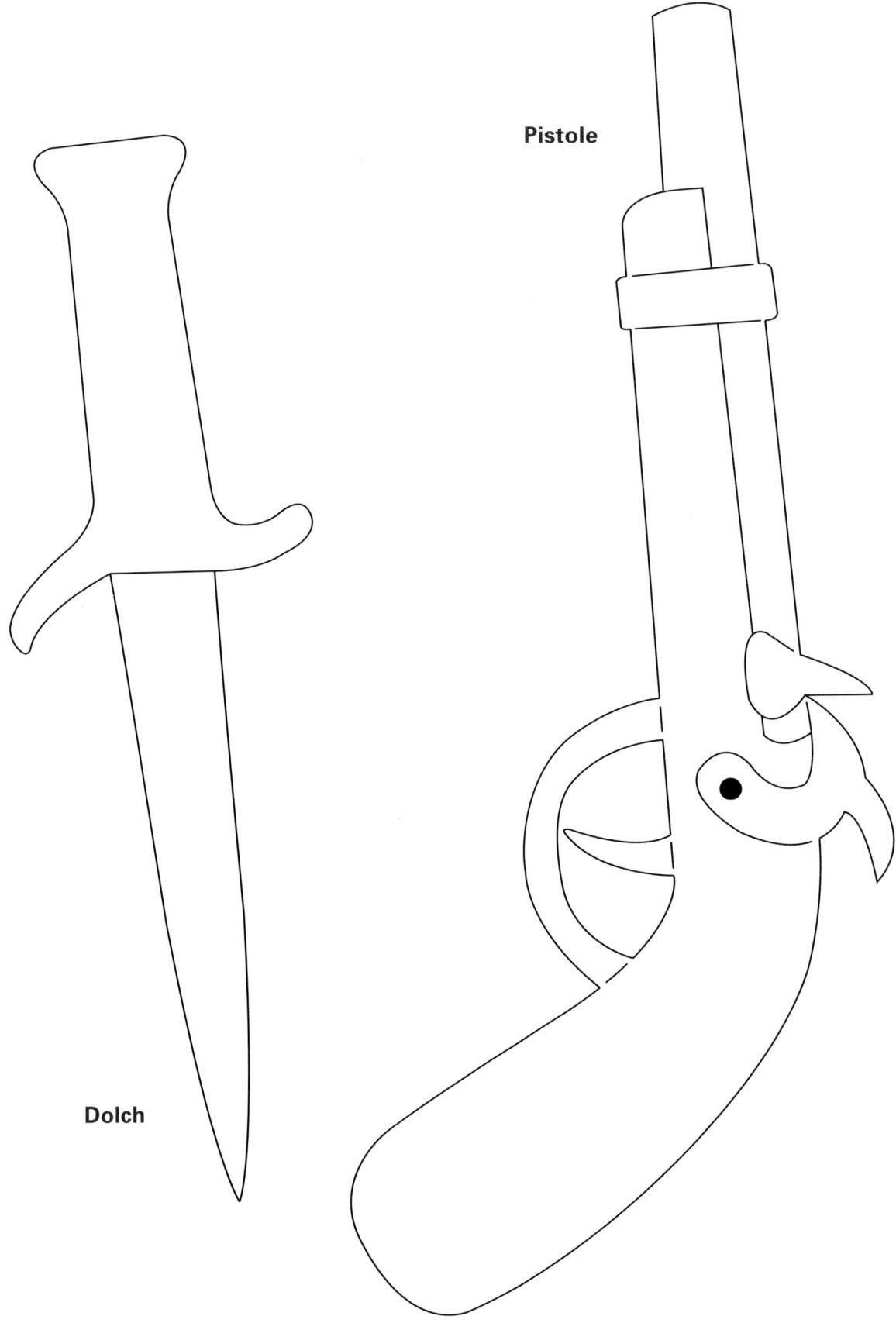

Pistole

Dolch

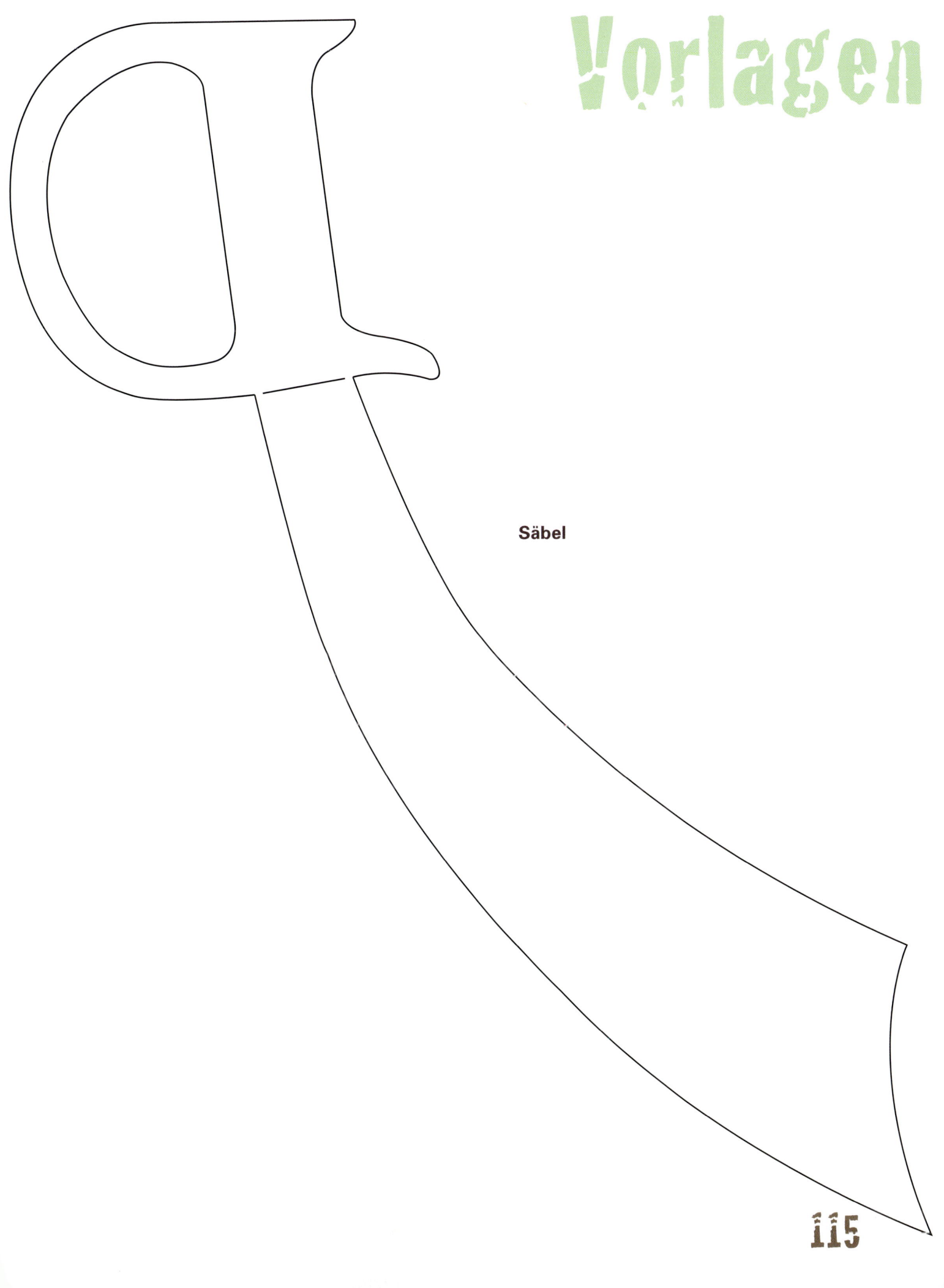

Vorlagen

Säbel

115

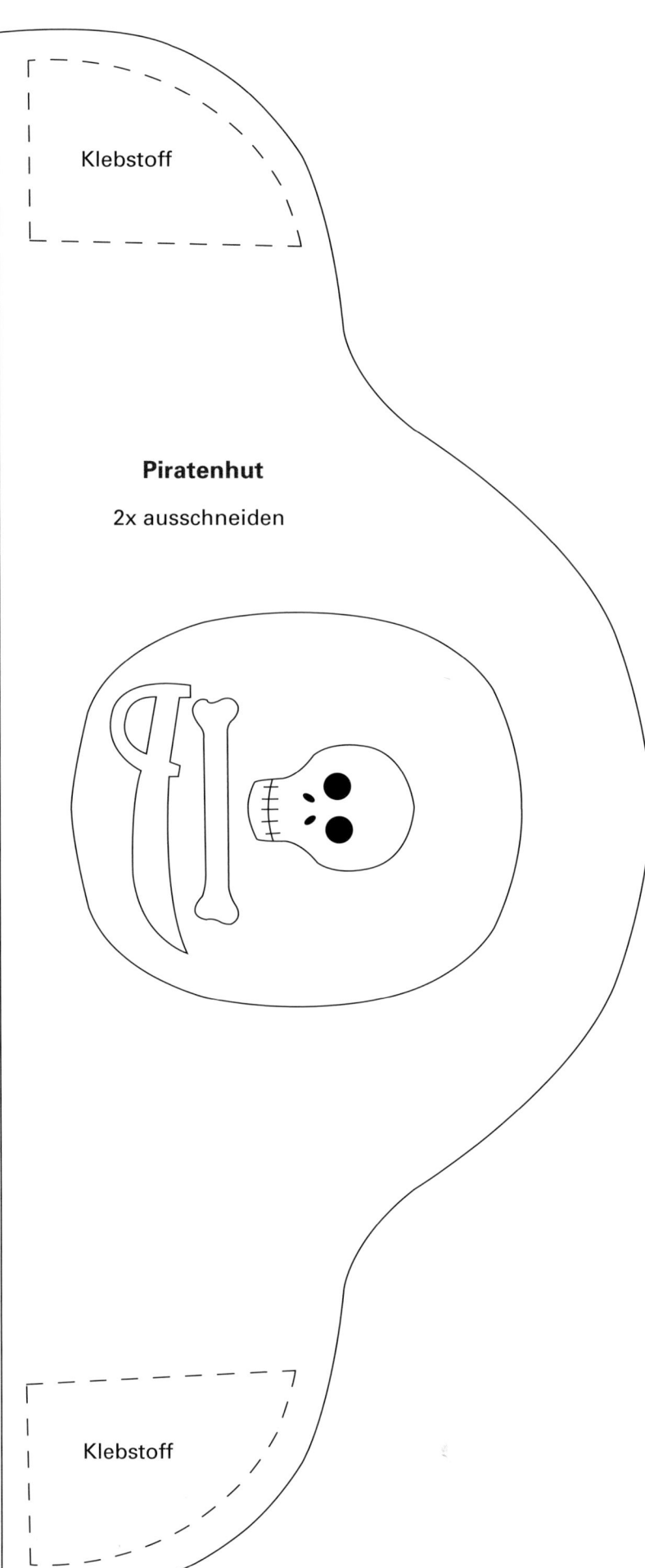

Piratenhüte

➡ Seite 30

Vorlage auf 160 % vergrößern

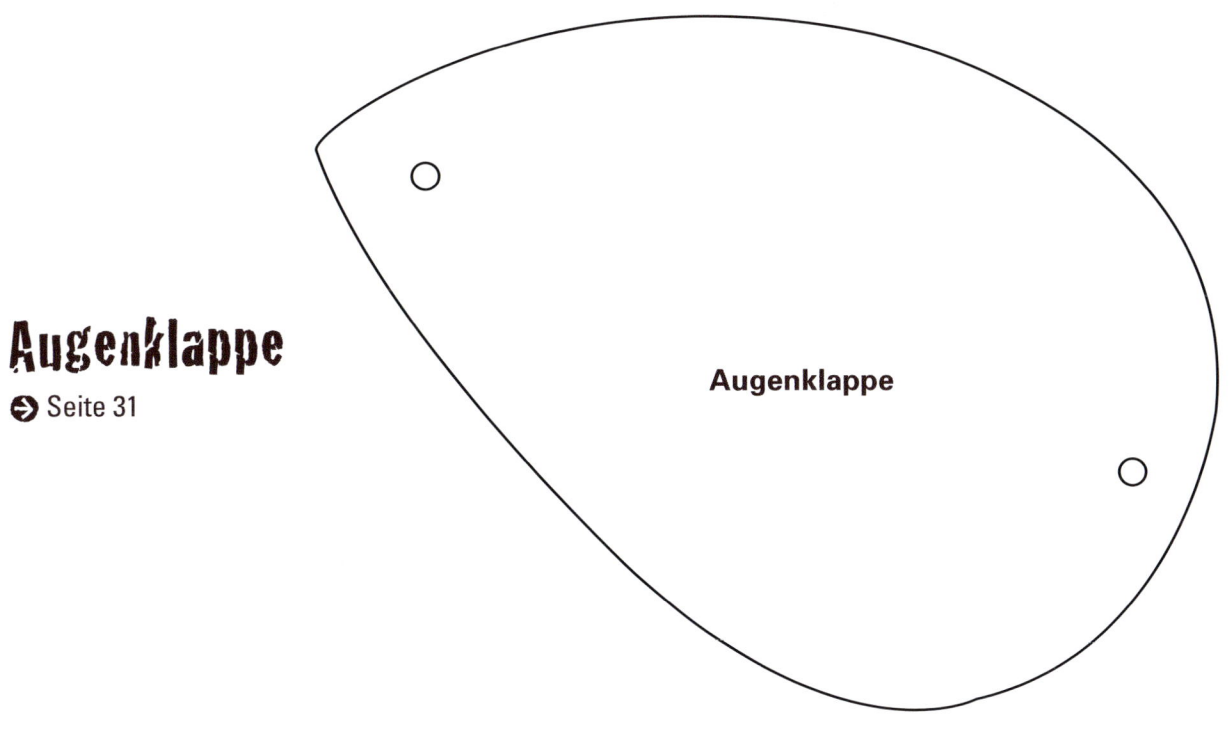

Augenklappe

➜ Seite 31

Augenklappe

Kriegsbeil

➜ Seite 26

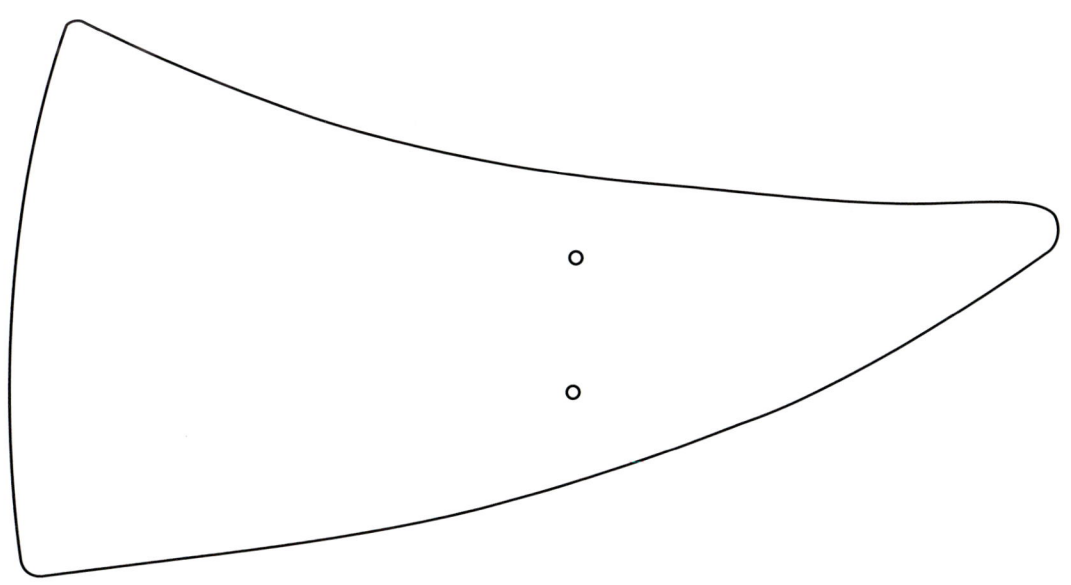

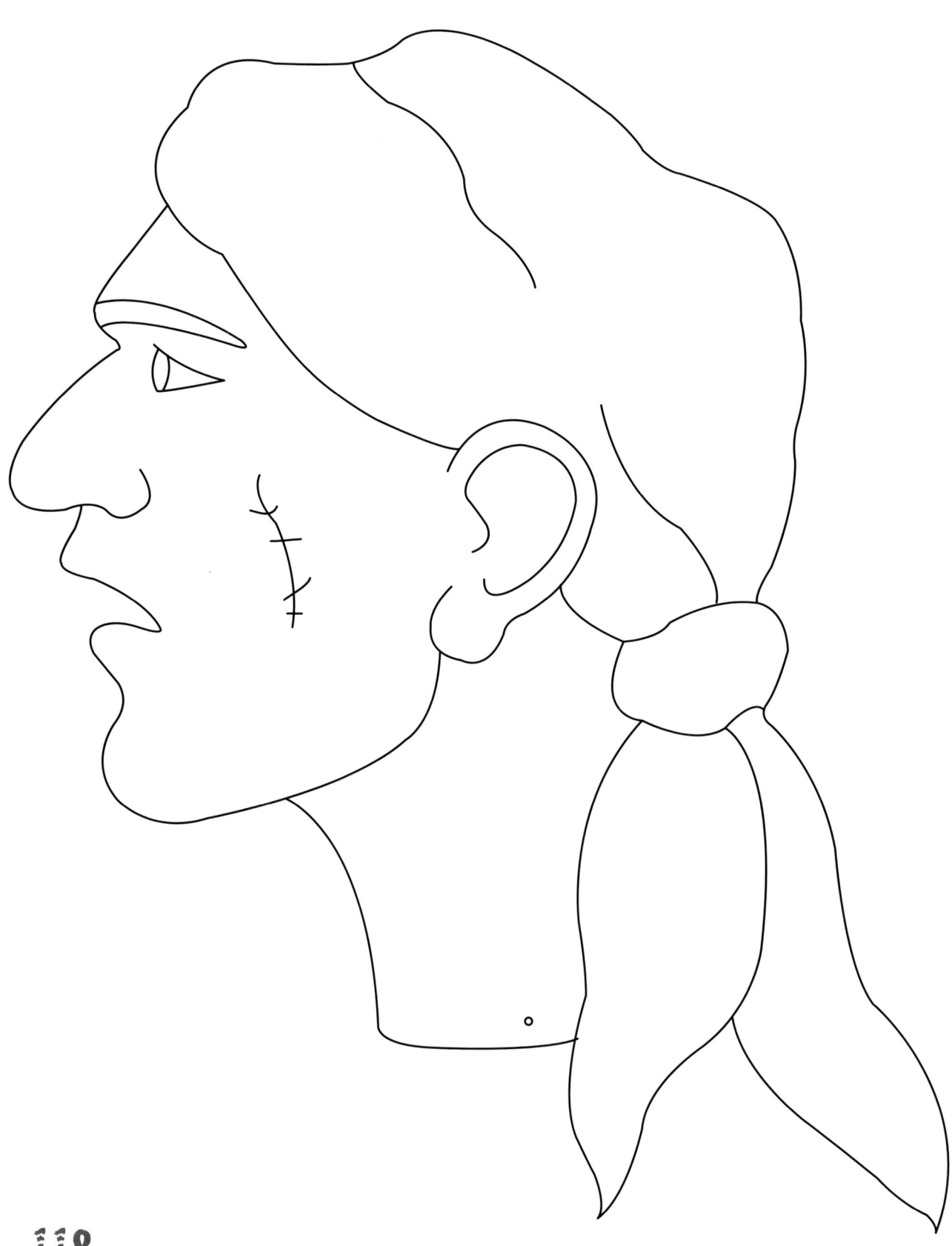

Für deine Kajüte

➲ Seite 32

> # Zutritt verboten

Piratenflagge

➲ Seite 31

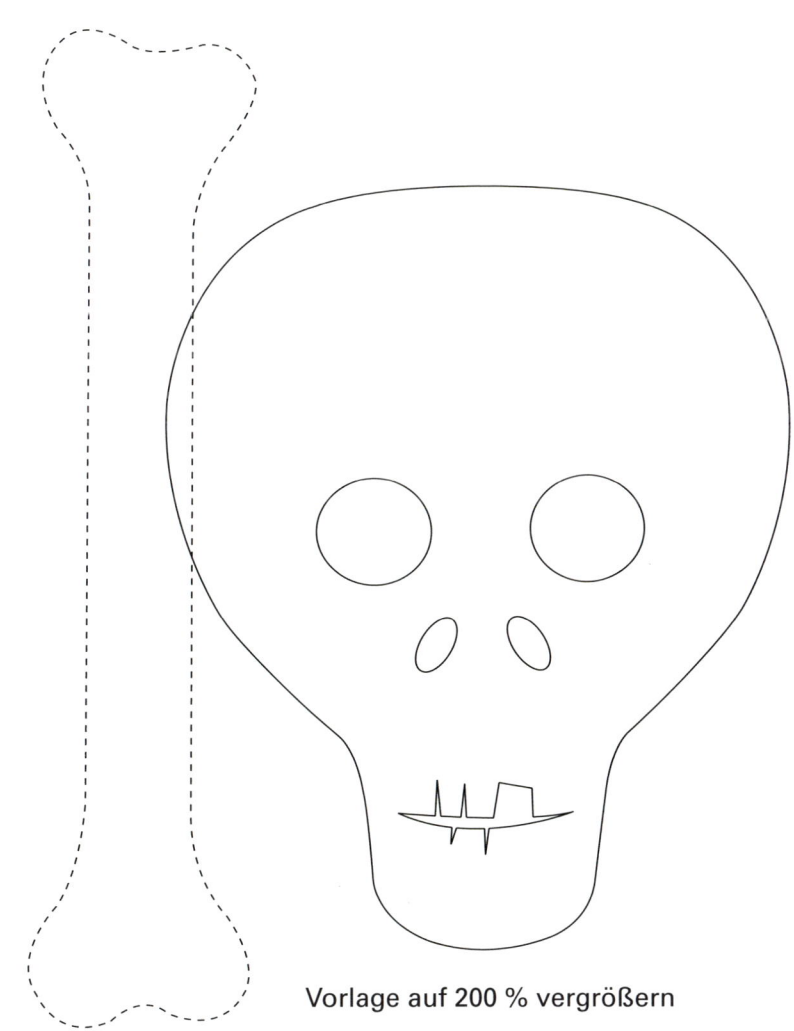

Vorlage auf 200 % vergrößern

Tütenmasken

➲ Seite 34

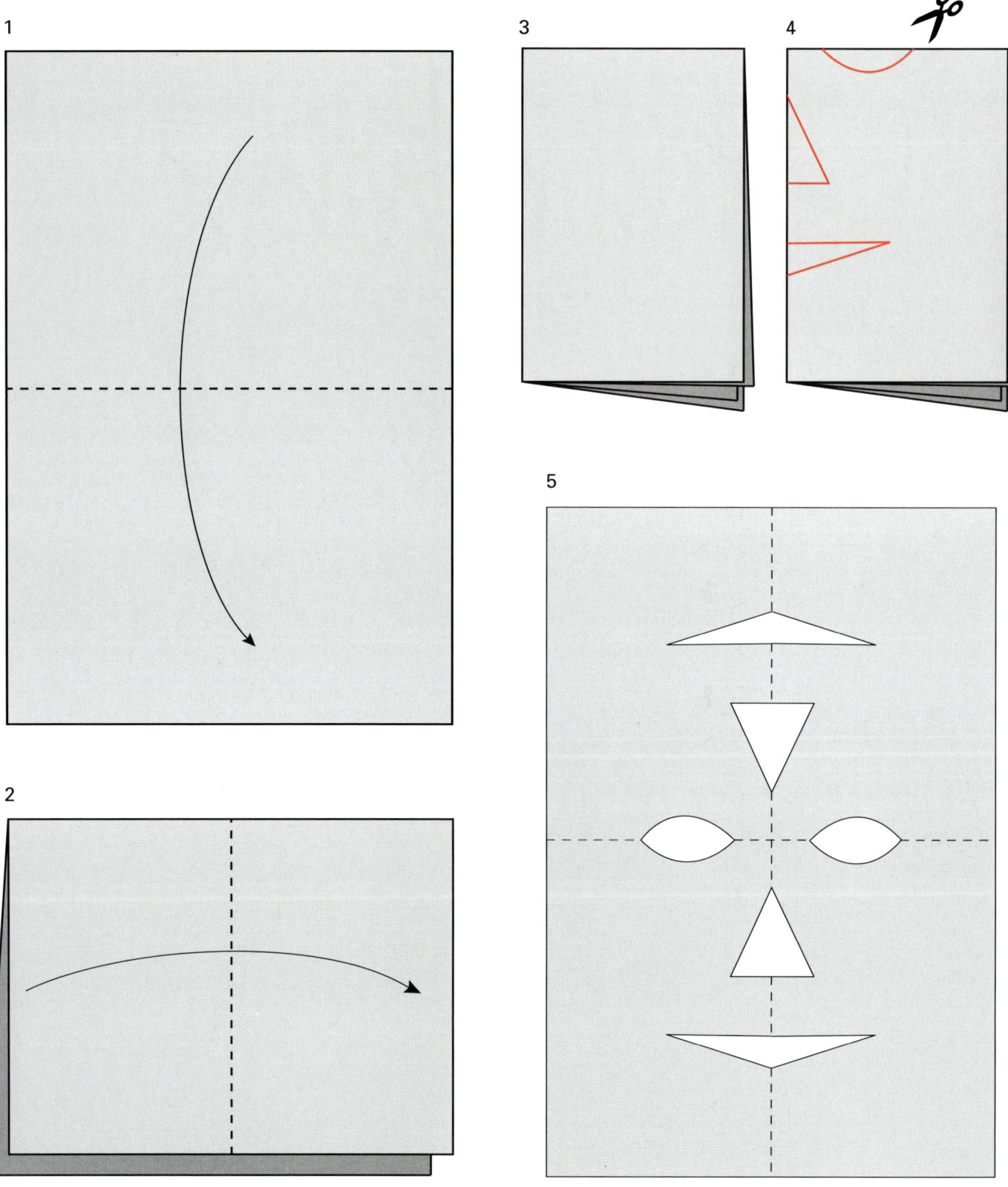

Tanzende Fledermaus

➜ Seite 37

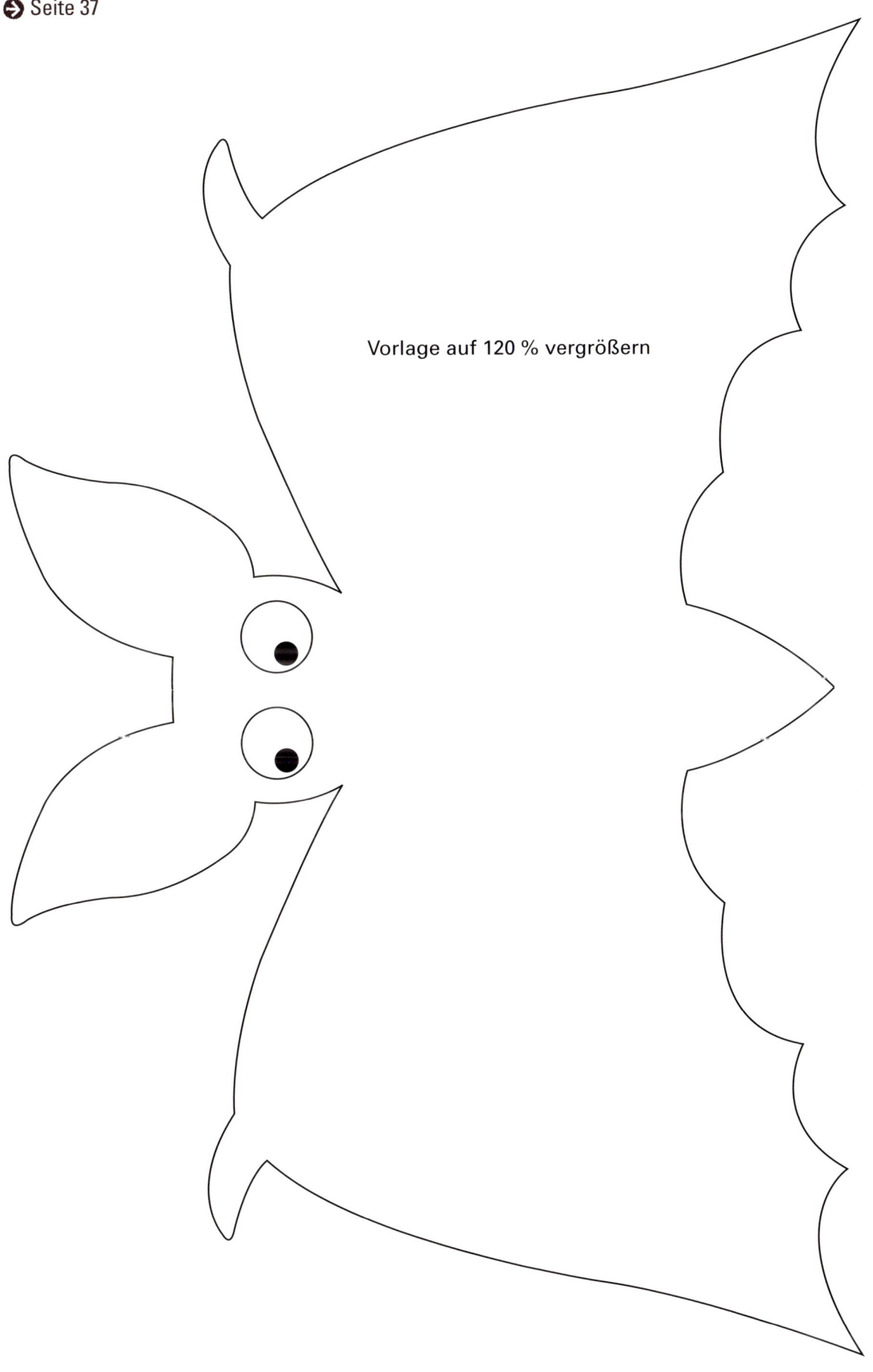

Vorlage auf 120 % vergrößern

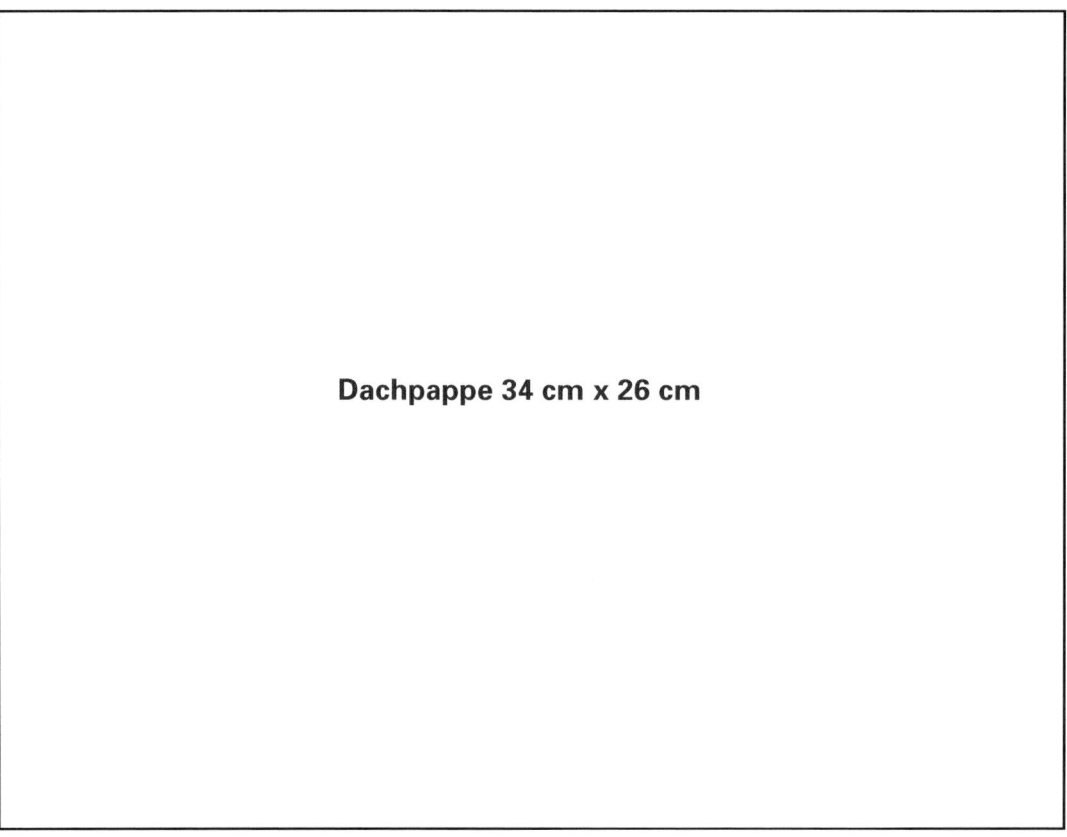

Dachpappe 34 cm x 26 cm

3 cm · 25 cm · 3 cm

4,5 cm · 4,5 cm

17 cm

Dach 25 cm x 17 cm

17 cm

6 cm · 6 cm

25 cm

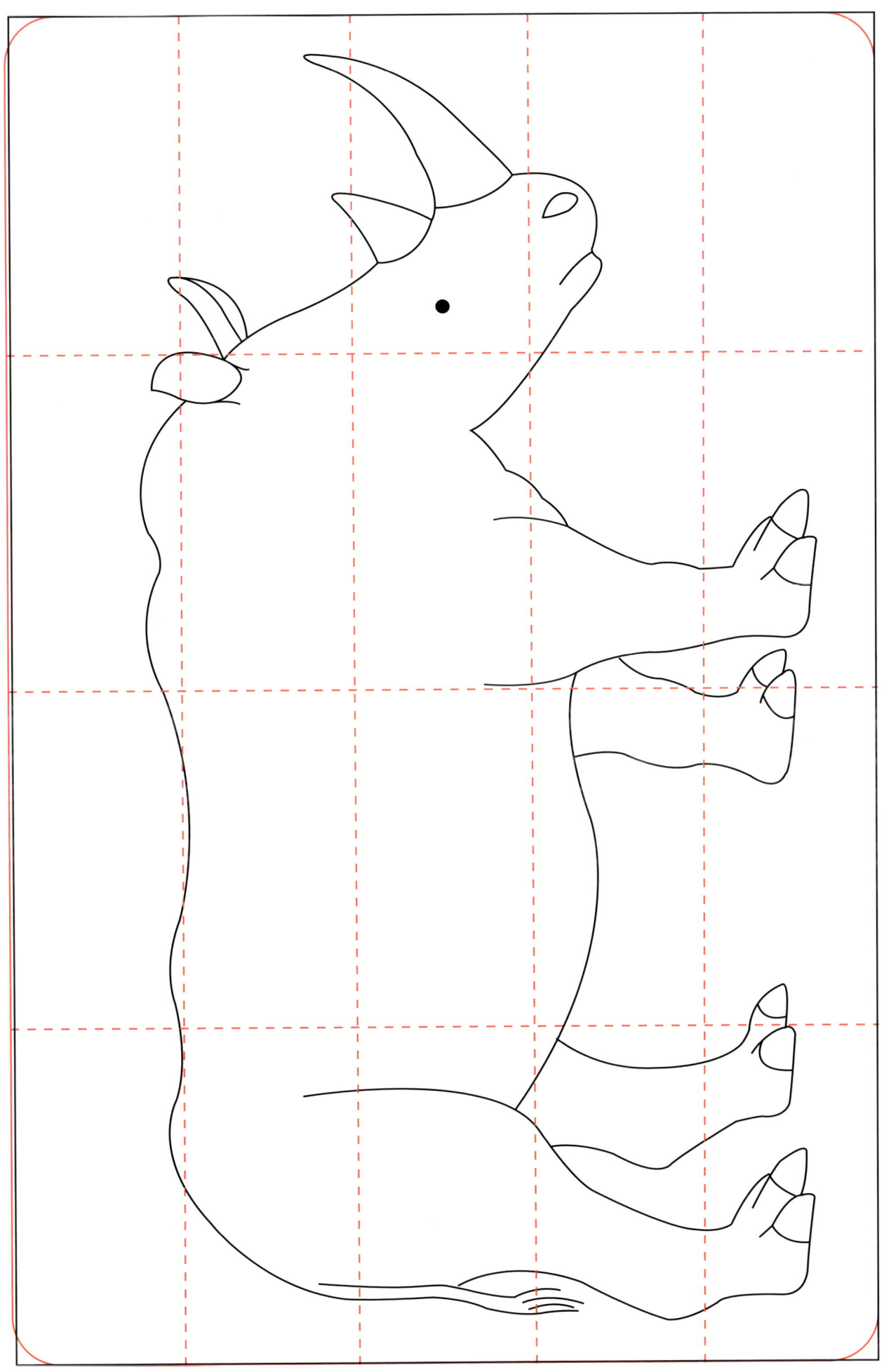

Puzzles: Elefant und Stegosaurus

➔ Seite 60

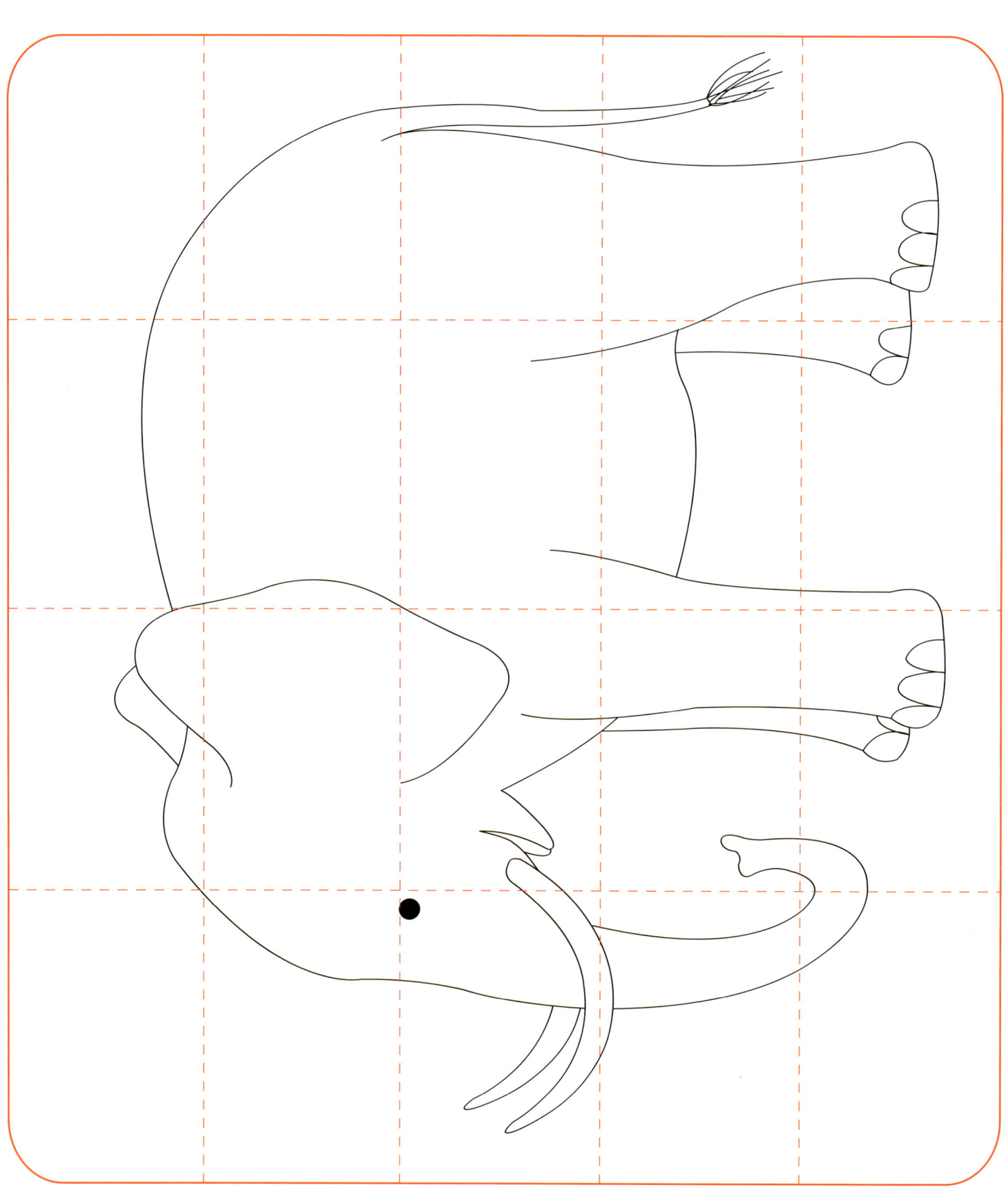

124

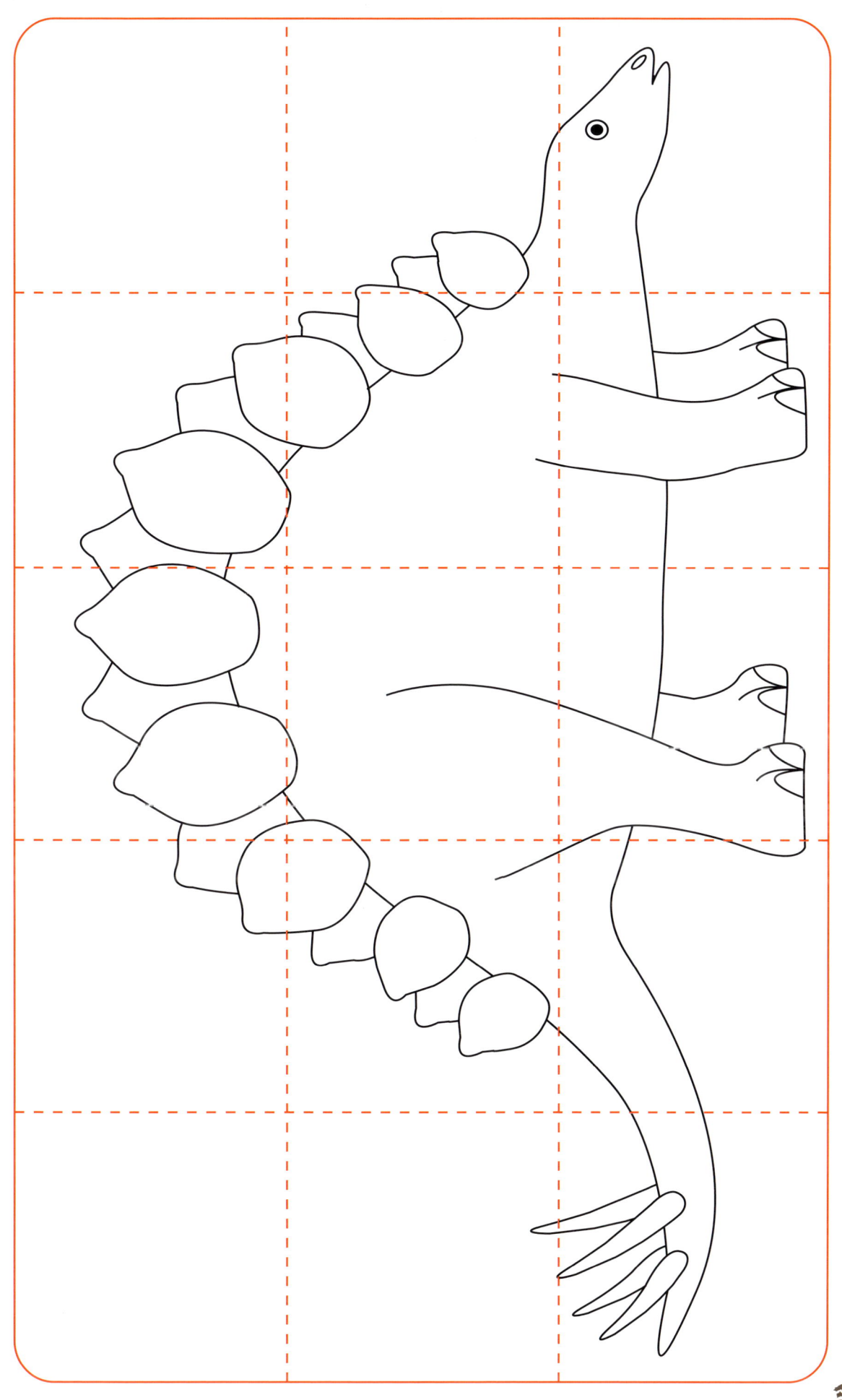

125

Mühle

➔ Seite 62

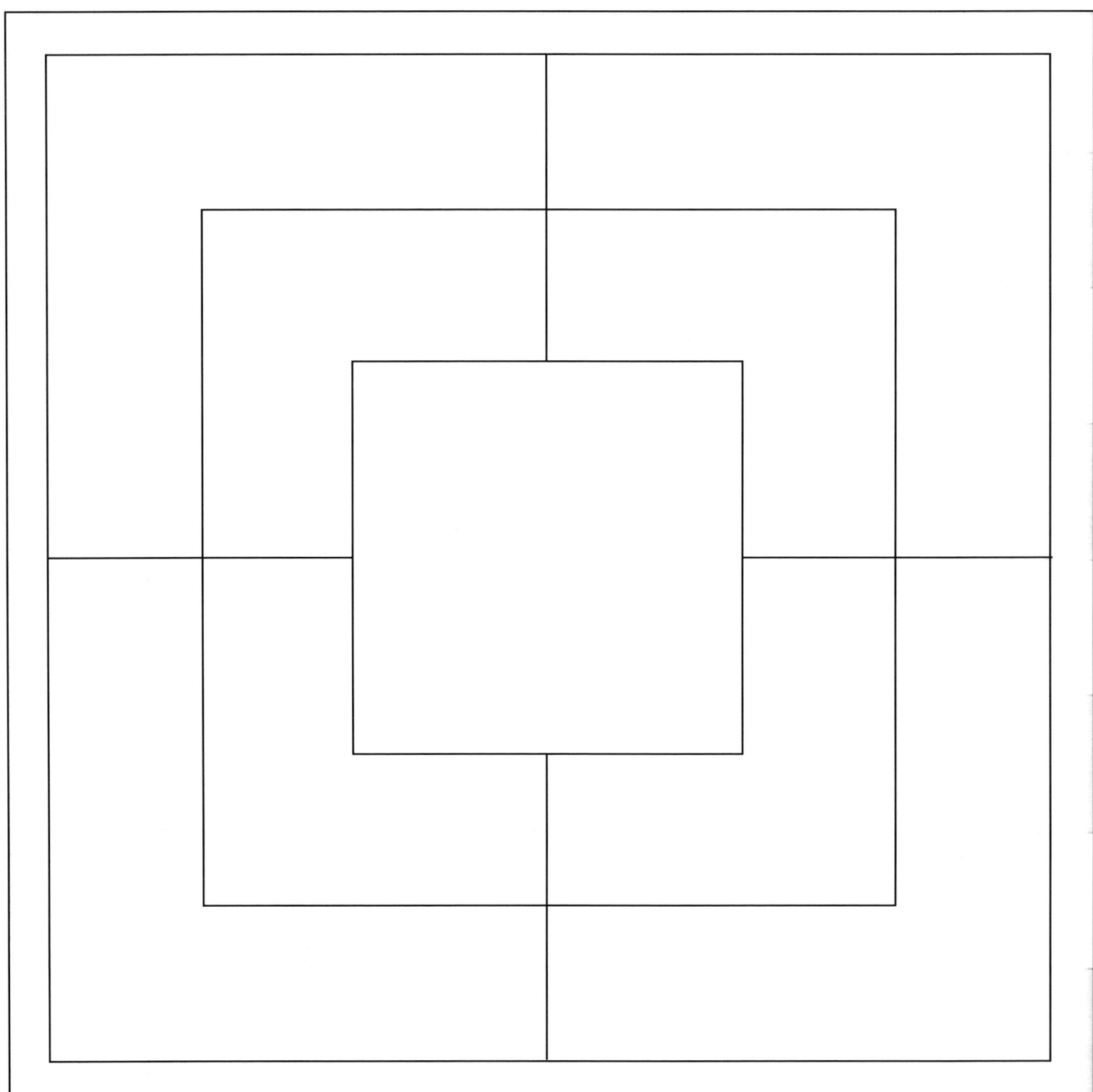

Dame

➜ Seite 62

Magisches Labyrinth

➜ Seite 64

Labyrinth 24,5 cm x 12 cm

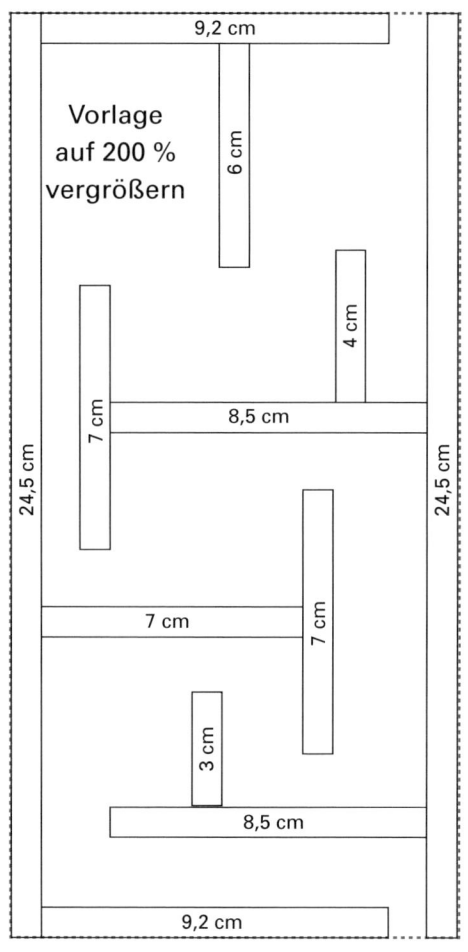

Labyrinth 23 cm x 14,5 cm

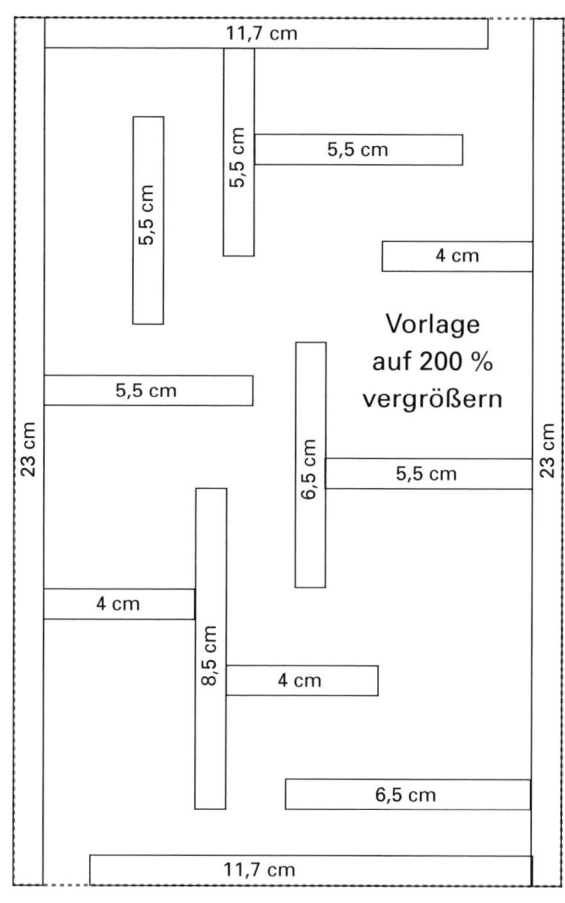

Wirbelnde Kreisel

➜ Seite 70

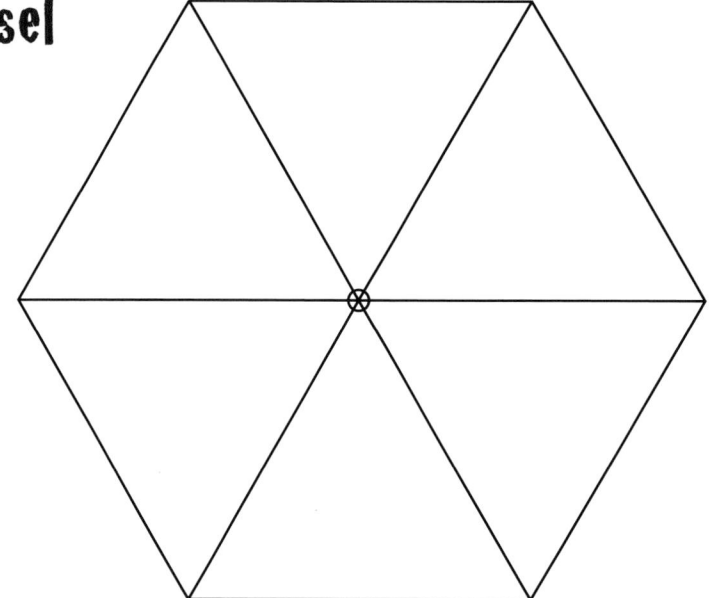

Blitzschnelle Flugsaurier

➜ Seite 68

Katapult-Raketen

➜ Seite 86

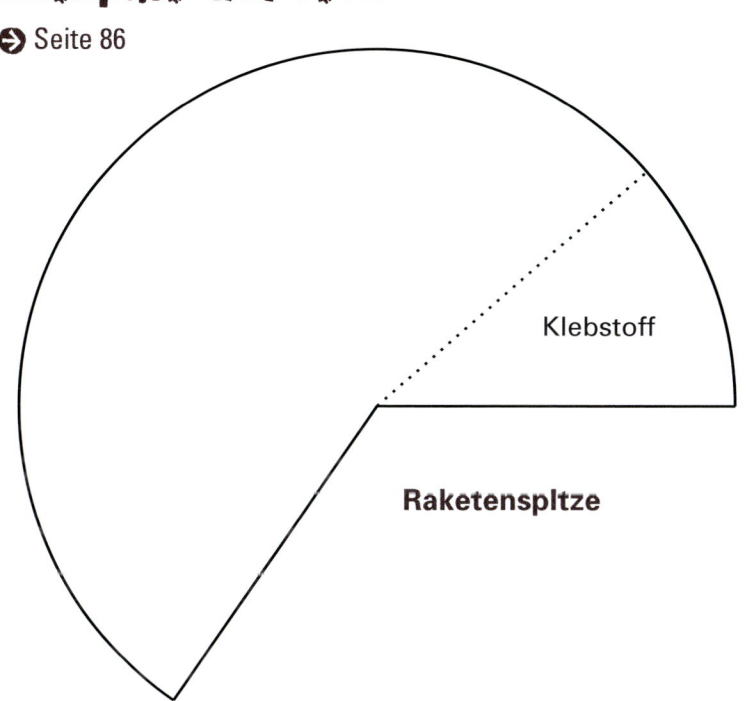

Klebstoff

Raketenspltze

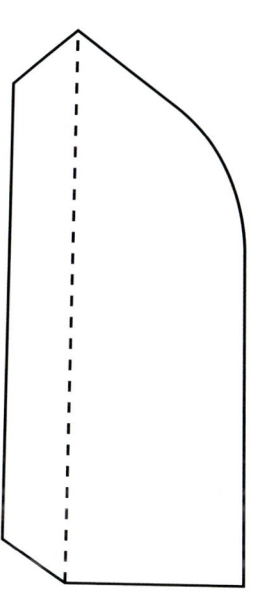

Flügel 4x

Puste-Racer

➜ Seite 106

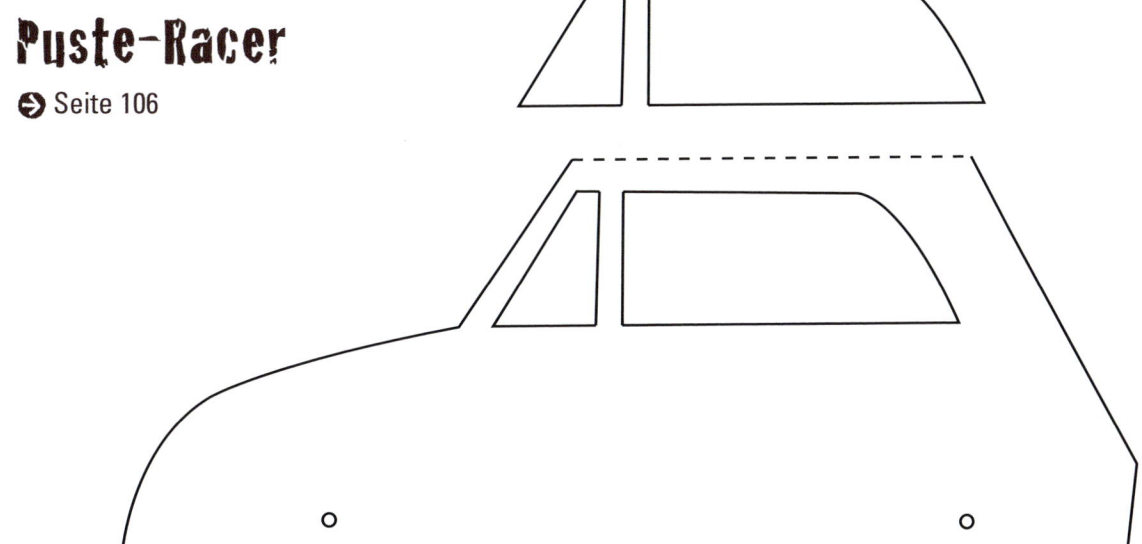

Kugelfangspiel

➔ Seite 66

Eleganter Flieger

➔ Seite 84

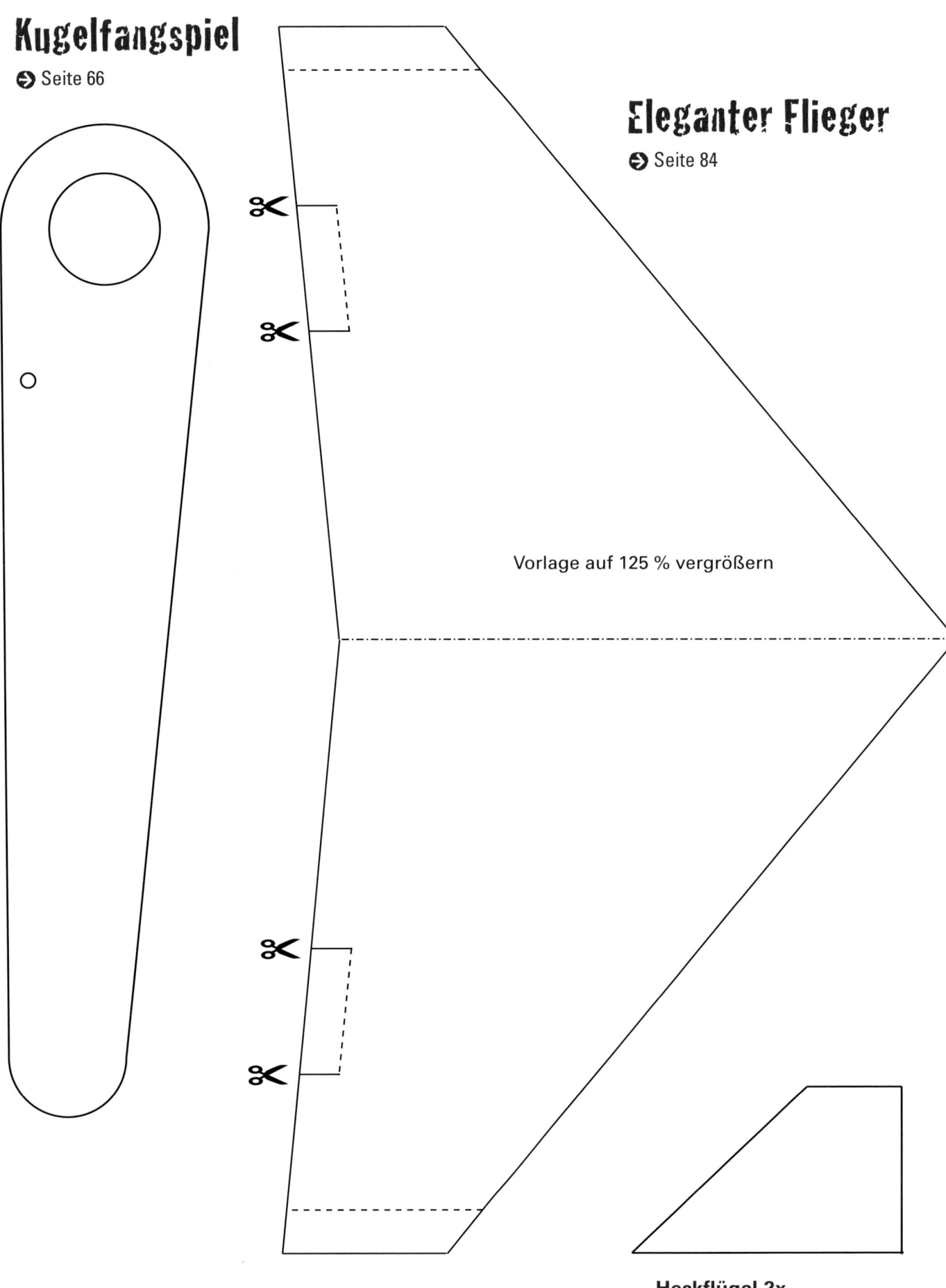

Vorlage auf 125 % vergrößern

Heckflügel 2x

Hubschrauber

→ Seite 82

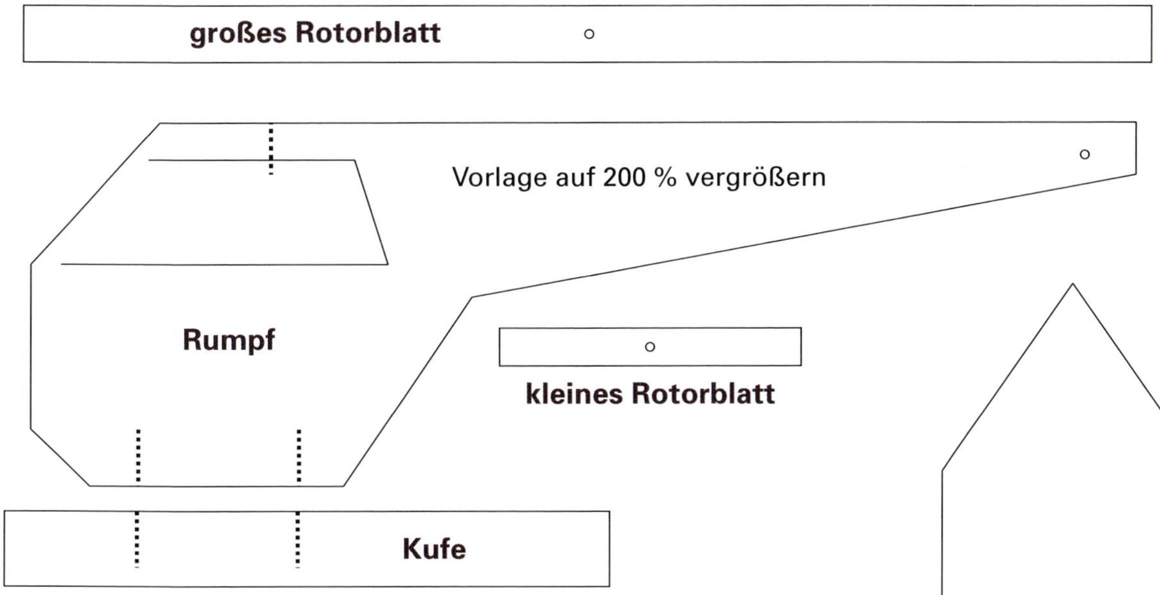

großes Rotorblatt ○

Vorlage auf 200 % vergrößern

Rumpf

kleines Rotorblatt ○

Kufe

Piraten-Flaggschiff

→ Seite 96

Vorlage auf 200 % vergrößern

5 cm

30 cm

○

7 cm

7 cm

7 cm

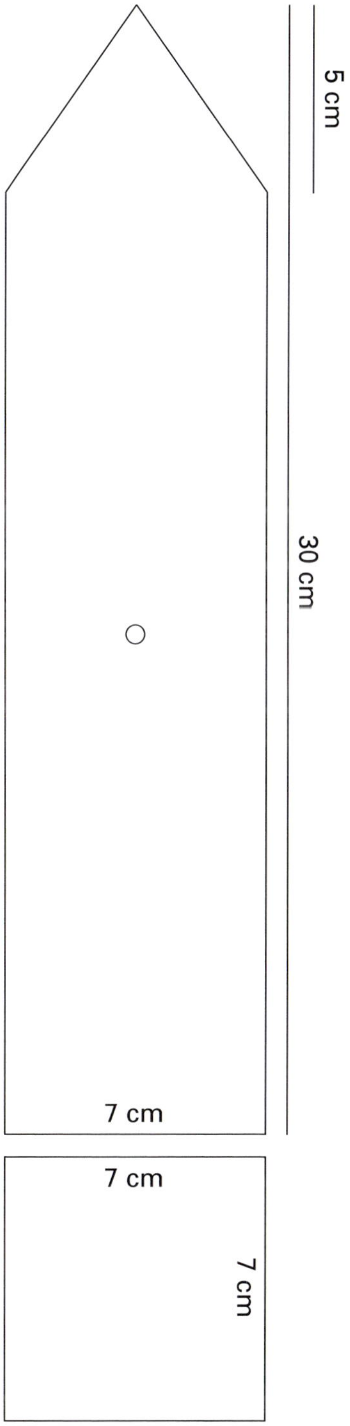

Armin Täubner lebt mit seiner Familie auf der Schwäbischen Alb und ist seit über 25 Jahren als ungemein vielseitiger Autor für den frechverlag tätig. Eigentlich ist er Lehrer für Englisch, Biologie und Bildende Kunst. Durch seine Frau, die unter ihrem Mädchennamen Inge Walz noch heute Bücher zu den verschiedensten Techniken im frechverlag veröffentlicht, kam der Allrounder zum Büchermachen. Zweifelsohne ein Glücksfall für die kreative Welt! Es gibt fast kein Material, das Armin Täubners Fantasie nicht beflügelt, und kaum eine Technik, die er sich nicht innerhalb kürzester Zeit angeeignet hat.

Wir danken Leonard und Katharina Ruder, Alessio Fedele, Lino Fedele, Nicola Hartmann und Luis Haller, die mit viel Spaß und Freude an der Fotoproduktion beteiligt waren.

KONZEPTION UND REDAKTION: Claudia Mack

LAYOUT UND SATZ: Petra Bachmann, Weinheim

TEXTE ZU DEN KATEGORIEN SPIEL UND SPASS, EXPERIMENTIEREN UND FORSCHEN: Redaktionsbüro Kim Marie Krämer, Leinfelden-Echterdingen

FOTOS: frechverlag GmbH, 70499 Stuttgart; lichtpunkt, Michael Ruder Fotografie, Stuttgart (Titelseite, S. 5, 6/7, 12/13, 14, 21, 22, 24 (Kind), 27, 28, 30/31, 33 (Türschild), 34 (Kinder), 38/39, 40 (Nistkasten), 45, 46, 48, 51, 52/53, 55 (Kinder), 62 (Spielbretter), 64, 68, 70/71, 72, 74, 76 (Kind und Köcher), 77 (Katapult), 78)79, 80/81, 82 (Freisteller Hubschrauber), 85, 88, 91, 92/93 (Boote), 94, 96, 98/99 (Schiffchen), 100, 102, 104/105 (Autos), 106, 108).

Armin Täubner (S. 6/7, 8–11, 15, 16–20, 23, 24–26, 29, 32/33, 34/35, 36/37, 40/41 (Arbeitsschritte), 42/43 (Arbeitsschritte), 44 (Arbeitsschritte), 46/47 (Arbeitsschritte), 49 (Freisteller), 50, 54/55 (Arbeitsschritte und Freisteller), 56/57, 58/59, 60/61 (Arbeitsschritte), 62/63 (Arbeitsschritte), 65, 66/67, 68/69 (Freisteller), 70/71 (Arbeitsschritte), 73, 75, 76/77 (Arbeitsschritte), 82/83 (Arbeitsschritte), 84, 86/87, 92/93 (Arbeitsschritte), 95, 97, 98/99 (Arbeitsschritte), 101, 103, 104/105 (Arbeitsschritte), 107, 109).

fotolia (S. 16 Ritter, lool; S. 40/41 Vögel, NatUlrich und AVD; 42/43, Vögel, NatUlrich und Al Mueller; S. 44/45 Marienkäfer, Alekss; Biene, Creative Images; S. 46/47, Hummel, Klaus Eppele; S. 48/49 Ohrwurm, Klaus Eppele; S. 60/61 Dinosaurier, Michael Rosskothen; S. 82/83 Hubschrauber, TA Craft Photography; 103–109, Reifenspuren, WoGi).

CGTextures.com (Fonds)

SKIZZEN: Armin Täubner

DRUCK UND BINDUNG: Neografia, Slowakei

4. Auflage 2013

© 2011 frechverlag GmbH, 70499 Stuttgart

ISBN 978-3-7724-5731-9 • Best.-Nr. 5731